こどものための実用シリーズ

みんないきもの

阿《あ》部《べ》健《けん》一《いち》 監修《かんしゅう》

ミロコマチコ
しろぺこり
早《はや》川《かわ》宏《ひろ》美《み》
画《え》

朝日新聞出版

いきものは みんなすごい

地球《ちきゅう》には、たくさんのいきものがくらしている。
ゾウやキリンなどの大《おお》きないきもの、
アリやダンゴムシのような小《ちい》さないきもの、
目《め》に見《み》えないくらいのいきもの……。

もちろん人間《にんげん》もいきものだ。
いきもののなかで、人間《にんげん》だけがとくべつすごい。
なんとなく、そんなふうに決《き》めつけている人《ひと》も
いるのではないだろうか？

でも、いきものはみんな〝とくべつ〟なんじゃないか。
いきものたちが必死《ひっし》に生《い》きる様子《ようす》を
知《し》れば知《し》るほど、そう思《おも》えてくる。

かれらの生《い》きざまは、わたしたち人間《にんげん》が生《い》きるうえで
大事《だいじ》にしたいことにも気《き》づかせてくれるようだ。

もくじ

食《た》べて 食《た》べられる

自然《しぜん》のなかで、
食《た》べものをさがす。

ときには、
ほかのいきものに
食《た》べられる。

えものを追《お》いかけたり、
敵《てき》に追《お》いかけられたり、
たたかったり、
巣《す》にかくれたり。

いきものたちは
みな、
生《い》きるために
必死《ひっし》だ。

子《こ》を産《う》んで
命《いのち》を増《ふ》やす

恋《こい》の相手《あいて》を
見《み》つけるために、
あの手《て》この手《て》で
美《うつく》しく見《み》せる。
おどったり、
プレゼントしたりもする。

オス同士《どうし》は、強《つよ》さを
くらべるためにたたかう。
強《つよ》いオスが
メスに選《えら》ばれるのだ。

メスは丈夫《じょうぶ》な子《こ》を産《う》んで、
子孫《しそん》をたくさん残《のこ》したい。

仲間《なかま》と助《たす》け合《あ》う

敵《てき》から命《いのち》を
うばわれないように、
仲《なか》間《ま》同《どう》士《し》で助《たす》け合《あ》って
身《み》を守《まも》る。

たくさん食《た》べて
長《なが》生《い》きできるように
力《ちから》を合《あ》わせて食《た》べものをとる。

大《おお》きな群《む》れをつくってくらすもの、
血《ち》がつながっている家《か》族《ぞく》とくらすもの。
仲《なか》間《ま》同《どう》士《し》がみな、支《ささ》え合《あ》って生《い》きている。

たくさんの命《いのち》が

あたらしい命《いのち》は、
未来《みらい》につながっている。
うばわれた仲間《なかま》の命《いのち》によって、
ほかのいきものの
命《いのち》が生《い》かされてもいる。
自然《しぜん》のなかでは、
あらゆる
いきものの命《いのち》が、

つながっている

いくつも
重《かさ》なるように
つながっているのだ。
もちろん人間《にんげん》も、
そのつながりの一部《いちぶ》。
いきものと人間《にんげん》は
なにがちがうのだろう？
そもそも、ちがいなんて
あるのだろうか？

1 家《いえ》

どこに住《す》もう？

自然《しぜん》のなかのいきものは、
どこにくらしているのだろう？
いきものたちは
どんなところに住《す》みたいって思《おも》うだろうか？
いきものには、そのいきものなりの
「そこに住《す》む理由《りゆう》」があるはずだ。

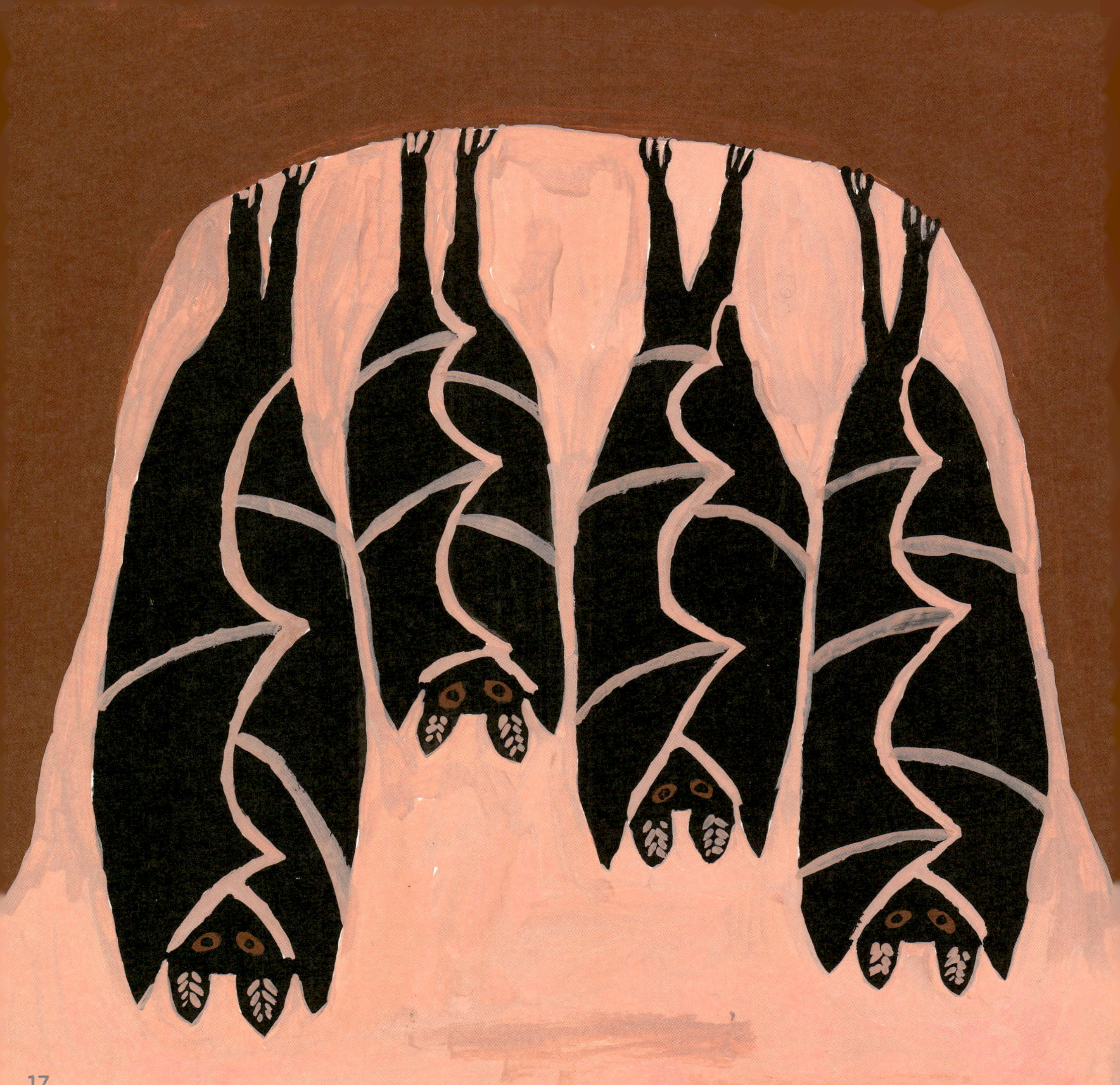

1 家《いえ》

どこに住《す》もう?

食《た》べものがあるところに住《す》む

なわばりは家《いえ》のようなもの

人《ひと》は、朝《あさ》・昼《ひる》・晩《ばん》の3回《かい》ごはんを食《た》べる。冷《れい》ぞう庫《こ》を開《あ》ければ、なにかしら食《た》べものが入《はい》っているし、スーパーに行《い》けば、食《た》べものがかんたんに手《て》に入《はい》る。

でも、いきものの世界《せかい》にはスーパーもなければ冷《れい》ぞう庫《こ》もない。食《た》べるものを自分《じぶん》で手《て》に入《い》れなければいけないのだ。

そこで、いきものたちは食《た》べものの近《ちか》くに住《す》む。見《み》つけた食《た》べものは、できるだけライバルにうばわれないようにすることも、生《い》きていくためには大切《たいせつ》だ。だから、ここからここまでは自分《じぶん》たちが食《た》べものを得《え》るた

めの場所《ばしょ》だ、と住《す》む範囲《はんい》を決《き》める。それが「なわばり」だ。

　いきものたちは、自分《じぶん》のなわばりにライバルが入《はい》ってこないように目《め》を配《くば》り、入《はい》ってこようとするものを追《お》い出《だ》す。

　なわばりは、いきものにとって家《いえ》のような存在《そんざい》と言《い》えるかもしれない。

ピューマ

なわばりにいるえものはだれにも渡《わた》さない！

ピューマのオスは、半径《はんけい》9キロメートルほどの広《ひろ》いなわばりを持《も》つ。メスは、オスの半分《はんぶん》くらいの大《おお》きさのなわばりに住《す》んでいる。

おしっこでなわばりを示《しめ》す

多《おお》くのいきものは、おしっこのにおいを残《のこ》すことで、なわばりの範囲《はんい》をほかのいきものたちに伝《つた》える。イヌやネコが散歩《さんぽ》の途中《とちゅう》におしっこをするのは、もちろん排泄《はいせつ》をするためでもあるけど、なわばりを示《しめ》す目的《もくてき》もあるんだ。

人《ひと》にも「なわばり」があるかな？

　いきものと同《おな》じように、人《ひと》にとっても「なわばり」ってあるんだろうか？

　たとえば、学校《がっこう》や公園《こうえん》、友《とも》だちの家《いえ》、コンビニなど、いつも行《い》きなれた場所《ばしょ》は、なわばりのようなものかもしれないね。

　よく行《い》く場所《ばしょ》や自分《じぶん》ひとりでも行《い》ける場《ば》所《しょ》、行《い》くとなんとなく落《お》ち着《つ》ける場所《ばしょ》……。みんなのなわばりは、どこからどこまでだろう？　年齢《ねんれい》が上《あ》がるほど、なわばりも広《ひろ》くなるのだろうか？

　人間《にんげん》のなわばりについて考《かんが》えてみよう。

安全《あんぜん》なところに住《す》む

敵《てき》が少《すく》ないので外《そと》でくらす

北極《ほっきょく》に住《す》む白《しろ》いクマ、ホッキョクグマにとっての敵《てき》は、シャチくらいしかいない。そのためヒグマのような巣《す》穴《あな》はなく、寒《さむ》い冬《ふゆ》でも外《そと》で子《こ》どもを育《そだ》てる。

ホッキョクグマ

ヒグマ

穴《あな》のなかにいれば敵《てき》におそわれない

クマは冬《ふゆ》の間《あいだ》は巣《す》穴《あな》のなかで冬眠《とうみん》する。ずっと眠《ねむ》っているのではなく、穴《あな》のなかで子《こ》どもを産《う》み、そこで子育《こそだ》てもする。

巣《す》や家《いえ》はなんのためにあるの？

えものを食《た》べる一方《いっぽう》で、自分《じぶん》のことを食《た》べる敵《てき》もいる。天敵《てんてき》だ。食《た》べることばかりに気《き》を配《くば》るのではなく、天敵《てんてき》から身《み》を守《まも》ることも考《かんが》えないといけない。

だからいきものたちは、なるべく天敵《てんてき》が来《こ》ないところに住《す》む。とくに子育《こそだ》てをするときは、まだ弱《よわ》くて敵《てき》にねらわれやすい子《こ》どもを守《まも》るために家《いえ》（巣《す》）をつくるのだ。

人《ひと》の家《いえ》も、雨《あめ》や風《かぜ》、暑《あつ》さ、寒《さむ》さなどから身《み》を守《まも》って安全《あんぜん》にくらすためにある。

木《き》の上《うえ》で寝《ね》られる？

ニホンリスのように、木《き》の上《うえ》で寝《ね》るのってどんな感《かん》じだろう？ 高《たか》いところっていうだけで気持《きも》ちいいのかな？ 木《き》の枝《えだ》に守《まも》られている感《かん》じがするのだろうか？

もし木《き》にのぼるチャンスがあったら、木《き》の上《うえ》でくらすいきものの気分《きぶん》を味《あじ》わってみよう。

落《お》ちるのがこわくて、木《き》の上《うえ》ではとても安心《あんしん》して寝《ね》られそうにないって思《おも》う人《ひと》もいるかもしれないね。

もし木《き》の上《うえ》に家《いえ》をつくるなら、きみならどんな家《いえ》をつくりたいかも考《かんが》えてみよう。

ニホンリス

木《き》の上《うえ》までのぼっておいで！

木《き》の上《うえ》も安全《あんぜん》だ。木《き》の枝《えだ》や皮《かわ》を使《つか》って、丸《まる》い形《かたち》をした巣《す》をつくる。

ツバメ

人《ひと》の気配《けはい》があれば敵《てき》も近《ちか》づいてこない

人《ひと》が住《す》む家《いえ》や店《みせ》などの、のき下《した》に巣《す》をつくることが多《おお》い。人《ひと》の出入《でい》りがある場所《ばしょ》だと、カラスなどの天敵《てんてき》が来《き》にくく安全《あんぜん》。しかし店《みせ》が休《やす》みの日《ひ》など、人《ひと》の出入《でい》りが少《すく》ない日《ひ》に突然《とつぜん》おそわれることもある。

ニホンミツバチ

がけという自然《しぜん》の要塞《ようさい》

天敵《てんてき》のクマがのぼれないがけに巣《す》をつくる。人《ひと》はその習性《しゅうせい》を利用《りよう》して、がけに巣箱《すばこ》を置《お》いてハチミツを採集《さいしゅう》する。

食《た》べものをたくわえる家《いえ》

食《た》べものがない時期《じき》のために

食《た》べたいときに食《た》べられないと、悲《かな》しい気持《きも》ちになるね。それはどんないきものでも同《おな》じだ。

おなかがすいたときにすぐなにかを食《た》べられるように、できるだけ食《た》べものをたくわえておきたい。食《た》べものが少《すく》なくなる冬《ふゆ》にそなえて、食《た》べものを保存《ほぞん》するいきものは多《おお》い。

では、どうやって食《た》べものをたくわえるのだろうか?

多《おお》くのいきものは、巣《す》のなかに食《た》べものをたくわえる。食《た》べ

モグラ

食《た》べものを保存《ほぞん》する部屋《へや》

土《つち》のなかにトンネルをほって、いくつもの部屋《へや》をつくる。子育《こそだ》てのための部屋《へや》だけでなく、モグラの食《た》べものとなるミミズを保存《ほぞん》しておく部屋《へや》や、トイレまである。

ものがたくさんある時期《じき》に、土《つち》のなかや木《き》の上《うえ》の巣《す》などにかくしておくのだ。

人《ひと》も、大《おお》きな地震《じしん》や台風《たいふう》などの災害時《さいがいじ》にそなえて、家《いえ》のなかに食《た》べものをたくわえる。

みんなの家《いえ》のなかには、どんな食《た》べものがたくわえられているかな？　確認《かくにん》してみよう。

ドングリキツツキ

いっぱい集《あつ》めた
ドングリコレクション

木《き》の幹《みき》や建物《たてもの》のかべなどにクチバシで穴《あな》をあけ、食《た》べものであるドングリを埋《う》めこむ。群《む》れで生活《せいかつ》しているキツツキは、みんなで協力《きょうりょく》してたくさんのドングリをたくわえる。

食《た》べものをどこにかくす？

いきものが大切《たいせつ》な食《た》べものを巣《す》にかくしておくように、あとでこっそり食《た》べたい大切《たいせつ》なお菓子《かし》を、きみならどこにかくすかな？　机《つくえ》の引《ひ》き出《だ》しのなか？　それともベッドの下《した》？　服《ふく》のポケットに入《い》れておくかもしれないね。

ほかの人《ひと》に見《み》つからないような、とっておきのかくし場所《ばしょ》を考《かんが》えてみよう！

敵《てき》から身《み》を守《まも》る家《いえ》

ビーバー

セキュリティ万全《ばんぜん》、ダムでつくる家《いえ》

水辺《みずべ》に山《やま》のようにもり上《あ》がったかたちの巣《す》をつくる。そして川《かわ》の水《みず》をせきとめ、ダムのように巣《す》のまわりに水《みず》をためる。敵《てき》が近《ちか》づけない安全《あんぜん》な巣《す》の完成《かんせい》だ。

より安全《あんぜん》にくらすための工夫《くふう》

家《いえ》は、自分《じぶん》の身《み》を守《まも》るためにある。人間《にんげん》の家《いえ》も、安全《あんぜん》にくらすために、さまざまな工夫《くふう》がされている。大《おお》きな地震《じしん》にたえられるようにじょうぶなつくりにしたり、外《そと》にいるとここえ死《し》んでしまうような寒《さむ》い地域《ちいき》でも、家《いえ》のなかでは暖《あたた》かくすごせるように

泳《およ》ぎが得意《とくい》なビーバーは、水《みず》にもぐって巣《す》に入《はい》る。子育《こそだ》てもこの巣《す》でする。雨《あめ》が降《ふ》って川《かわ》の水《みず》が増《ふ》えたら、水《みず》をせきとめているせきの一部《いちぶ》をこわして、水《みず》の量《りょう》を調節《ちょうせつ》することもできる。

お城《しろ》の「おほり」は なんのためにある？

日本《にほん》のお城《しろ》は、「おほり」と呼《よ》ばれる水《みず》の入《はい》った大《おお》きな溝《みぞ》でぐるりと囲《かこ》まれている。また、お城《しろ》にはかならずと言《い》っていいほど、石《いし》が高《たか》く積《つ》み重《かさ》ねられた石垣《いしがき》もある。

どうして、おほりや石垣《いしがき》があるかわかるかな？

おほりを泳《およ》いでわたるのは時間《じかん》がかかるし、石垣《いしがき》もかんたんにはのぼれない。どちらも、敵《てき》の攻撃《こうげき》を防《ふせ》ぎ、味方《みかた》を守《まも》るための工夫《くふう》なんだ。

サボテンミソサザイ

サボテンのトゲで守《まも》られた家《いえ》

サボテンのなかにつくった巣《す》で、卵《たまご》を産《う》み、子育《こそだ》てをする。サボテンのトゲがじゃまをして、からだが大《おお》きい敵《てき》は近《ちか》づけない。

かべや床《ゆか》に工夫《くふう》をこらしたりする。

いきものの場合《ばあい》の家《いえ》（巣《す》）は、雨《あめ》や風《かぜ》をしのぐ目的《もくてき》ももちろんあるけど、敵《てき》から身《み》を守《まも》るという大《おお》きな目的《もくてき》もある。

自分《じぶん》の身《み》だけでなく、子《こ》どもたちを守《まも》って子孫《しそん》を残《のこ》すために、自然《しぜん》にあるものや、自分《じぶん》たちの力《ちから》を使《つか》って、少《すこ》しでも安全《あんぜん》にくらす工夫《くふう》をしているのだ。

1 どこに住《す》もう？ 家《いえ》

子《こ》育《そだ》てのための家《いえ》

スズメバチ

イヤ〜なにおいで、アリを追《お》い払《はら》う

かじりとった木《き》と、だ液《えき》を混《ま》ぜて巣《す》をつくる。巣《す》のなかには子《こ》どもを育《そだ》てるための部屋《へや》がいくつもある。なかには部屋《へや》が１万個《まんこ》もある大《おお》きな巣《す》も。天敵《てんてき》であるアリがきらいなにおいがするものをぬり、侵入《しんにゅう》を防《ふせ》ぐ。

子《こ》どもを守《まも》りたい親《おや》の愛《あい》

いきもののなかには、子育《こそだ》てをするものもいれば、子育《こそだ》てをしないものもいる。

鳥《とり》は卵《たまご》を産《う》んで温《あたた》め、ひながかえったら、ひとりでとんでエサを食《た》べられるようになるまで世話《せわ》をする。

一方《いっぽう》、魚《さかな》は卵《たまご》を産《う》んだあとは子育《こそだ》てをしない。敵《てき》に食《た》べられてしまう危険《きけん》が高《たか》いため、たくさんの卵《たまご》を産《う》む。

子育《こそだ》てをするいきものにとっては、安全《あんぜん》な家《いえ》（巣《す》）が欠《か》かせない。そのため、子育《こそだ》てという目的《もくてき》のために、さまざまな工夫《くふう》をこらした巣《す》がつくられるのだ。

タツノオトシゴ

土《つち》のなかは温《あたた》かい！

ノウサギとちがい、産《う》まれたての赤《あか》ちゃんは毛《け》が生《は》えていない。赤《あか》ちゃんが冷《ひ》えないように、温《あたた》かい土《つち》のなかにつくった巣《す》で、やわらかい草《くさ》をしいた上《うえ》で出産《しゅっさん》して子《こ》育《そだ》てをする。

アナウサギ

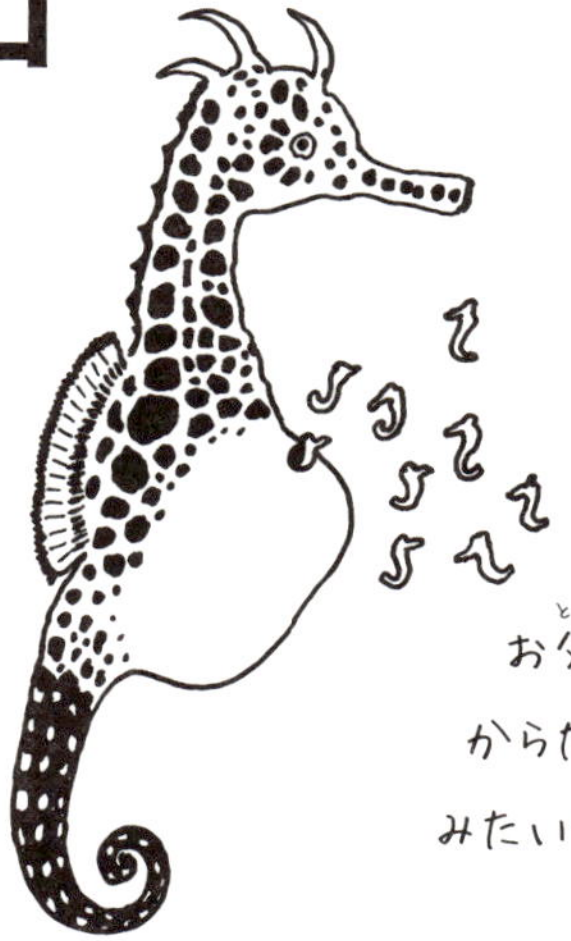

お父《とう》さんの
からだがおうち
みたいなもんだね

お父《とう》さんのおなかがベビーベッド?

卵《たまご》はメスによって、オスのからだのなかに産《う》みつけられる。オスのからだのなかはやわらかいひだでおおわれていて、卵《たまご》をやさしく抱《だ》いている。そのなかから約《やく》2000匹《びき》もの子《こ》どもが産《う》まれる。

巣《す》で子《こ》育《そだ》てをするめずらしい魚《さかな》

めずらしく巣《す》をつくる魚《さかな》。オスは水草《みずくさ》などを自分《じぶん》の粘液《ねんえき》で固《かた》めてゴルフボールほどの大《おお》きさの巣《す》をつくり、そこにメスが卵《たまご》を産《う》む。卵《たまご》からかえった子《こ》どもの世話《せわ》はオスの役割《やくわり》。

エゾトミヨ

1 家《いえ》 どこに住《す》もう?

持《も》ちはこべる家《いえ》

安全《あんぜん》で便利《べんり》なくらし

安全《あんぜん》で居心地《いごこち》のよい家《いえ》を、好《す》きなときに好《す》きな場所《ばしょ》へ持《も》ちはこぶことができたらどんなに便利《べんり》だろう?

どこでもひと休《やす》みできるし、とつぜん雨《あめ》が降《ふ》ってきても平気《へいき》だ。世界《せかい》中《じゅう》を旅行《りょこう》しながらくらせるかもしれないね。

いきもののなかには、自分《じぶん》のからだの一部《いちぶ》が家《いえ》（巣《す》）になっているものがいる。

自分《じぶん》のからだが入《はい》るくらいの大《おお》きさの家《いえ》なら、かんたんに持《も》ちはこぶことができる。急《きゅう》に敵《てき》におそわれたとしても、すぐに家《いえ》のなかに逃《に》げこめて安心《あんしん》だ。

カメ

重《おも》くて大変《たいへん》だけど安全《あんぜん》は手《て》ばなせない

産《う》まれたときから、からだが「こうら」と呼《よ》ばれるかたい殻《から》でおおわれている。からだが大《おお》きくなるにつれ、脱皮《だっぴ》をくり返《かえ》してこうらも大《おお》きくなる。敵《てき》がおそってくると、頭《あたま》や手《て》、足《あし》をこうらのなかに引《ひ》っこめて身《み》を守《まも》る。

カタツムリ

家《いえ》とからだが合体《がったい》！

産《う》まれたときから殻《から》を持《も》っている。殻《から》はからだの一部《いちぶ》であり、殻《から》のなかには内《ない》ぞうもある。空気《くうき》が乾《かん》そうしているときは、からだを殻《から》のなかに引《ひ》っこめ、出入《でい》り口《ぐち》に膜《まく》をはって乾《かわ》いてしまうのを防《ふせ》ぐ。

ダンボールハウスをつくってみよう

かんたんに持《も》ちはこべる自分《じぶん》だけの家《いえ》がほしい？　そんな人《ひと》は、身《み》のまわりにあるダンボールを利用《りよう》して、小《ちい》さな家《いえ》をつくってみよう。ガムテープがあれば、かんたんに組《く》み立《た》てられるし、ハサミやカッターでまどや出入《でい》り口《ぐち》をつくるのもいいね。

家《いえ》のなかに入《い》れたいのはどんなものだろう？　つくった家《いえ》をどこに置《お》きたいかな？　公園《こうえん》に持《も》っていってもおもしろそうだね。

まずは、どんな家《いえ》にするか想像《そうぞう》しながら絵《え》に描《か》いてみるだけでも、たのしいよ。

ヒト

テントがあれば
どこでも寝《ね》られる

キャンプでは、すぐに組《く》み立《た》てられるテントを家《いえ》がわりにする。また、車《くるま》のなかが家《いえ》みたいになっているキャンピングカーもある。

ヤドカリ

成長《せいちょう》とともに
引《ひ》っこしをくり返《かえ》す

からだの大《おお》きさにあった巻《ま》き貝《がい》を見《み》つけ、それを家《いえ》にする。からだが大《おお》きくなると、より大《おお》きな巻《ま》き貝《がい》に引《ひ》っこしをする。貝《かい》のなかに入《はい》りやすいように、ヤドカリのおなかはやわらかい。

メジロダコ

やわらかいからだを
かたい家《いえ》で守《まも》る

貝《かい》やヤシの実《み》など、かたいものをつねに持《も》ち歩《ある》き、危険《きけん》がせまるとかぶって身《み》をかくす。まるで、かくれ家《が》を持《も》ち歩《ある》いているみたいだ。

移《い》動《どう》しながらくらす

毎日《まいにち》がお引《ひ》っこし！

オランウータンは、マレー語《ご》で「森《もり》の人《ひと》」のこと。木《き》の上《うえ》にベッドをつくるが、まわりの葉《は》を1日《にち》で食《た》べつくすため、1日《にち》しか使《つか》わない。葉《は》を求《もと》めてあたらしい場所《ばしょ》へ移《い》動《どう》し、ふたたびベッドをつくる。

食《た》べるものを求《もと》めて移《い》動《どう》するいきもの

食《た》べものがたくさんある場所《ばしょ》を求《もと》めて、移《い》動《どう》しながらくらす人《ひと》がいる。遊牧民《ゆうぼくみん》と呼《よ》ばれる人《ひと》たちだ。

いきもののなかにも、食《た》べるものを求《もと》めて移《い》動《どう》しながらくらしているものは多《おお》い。とくに植物《しょくぶつ》を食《た》べる動《どう》物《ぶつ》は、食《た》べられる草《くさ》を求《もと》めて季節《きせつ》ごとに移《い》動《どう》する。

渡《わた》り鳥《どり》も、寒《さむ》い冬《ふゆ》になると食《た》べものがたくさんある暖《あたた》かい地域《ちいき》にとんでいく。

一生《いっしょう》引《ひ》っこしをくり返《かえ》すいきものは、どんな住《す》まいをつくってくらしているのだろうか？　なぜ、わざわざ移《い》動《どう》してくらすのだろうか？

オオハクチョウ

食《た》べものがいっぱい
あるところは敵《てき》も多《おお》い

冬《ふゆ》は暖《あたた》かくて食《た》べものがある場所《ばしょ》に移動《いどう》し、夏《なつ》は天敵《てんてき》が少《すく》ない場所《ばしょ》に移動《いどう》して子育《こそだ》てをする。冬《ふゆ》は日本《にほん》にもやってきて、暖《あたた》かい春《はる》になるとロシアのほうにとび立《た》つ。

夏《なつ》

冬《ふゆ》

家畜《かちく》のエサを追《お》い求《もと》めて

遊牧民《ゆうぼくみん》は、ヒツジやヤギ、トナカイなどの家畜《かちく》といっしょに、移動《いどう》しながらくらす。家畜《かちく》が牧草《ぼくそう》を食《た》べつくさないようにするための知恵《ちえ》でもある。

ヒト

シャカイハタオリ

みんなでくらす

多《おお》くの家族《かぞく》がくらす鳥《とり》の集合住宅《しゅうごうじゅうたく》

枯《か》れ草《くさ》のかたまりでつくられた巨大《きょだい》な巣《す》に、数百羽《すうひゃくわ》が集《あつ》まってくらす。巣《す》のなかには、子育《こそだ》て中《ちゅう》の家族《かぞく》もいれば、独身《どくしん》や夫婦《ふうふ》だけの鳥《とり》もいて、それぞれが独立《どくりつ》したつくりの部屋《へや》を持《も》つ。敵《てき》が侵入《しんにゅう》しにくいように出入《でい》り口《ぐち》は下《した》だけだ。

安心《あんしん》して生活《せいかつ》するための家《いえ》

みんなは、だれといっしょにくらしている? ひとりでくらす大人《おとな》も多《おお》いけど、子《こ》どものうちは家族《かぞく》とくらす人《ひと》がほとんどだ。

いきものの世界《せかい》では、産《う》まれたときからひとりで生《い》きているものから、大勢《おおぜい》の家族《かぞく》がいっしょにくらすものまで、さまざま。

みんなでくらすと、家《いえ》（巣《す》）づくりや子育《こそだ》てなどを協力《きょうりょく》してできるし、ひょっとしたらたのしいのかもしれないね。

テングシロアリ

ヒト

知《し》らない人《ひと》とくらすのも いがいとたのしい?

団地《だんち》やマンションなどでは、いろんな家族《かぞく》がひとつの建物《たてもの》でくらす。最近《さいきん》は、家族《かぞく》ではない人《ひと》たちと同《おな》じ家《いえ》でいっしょにくらすシェアハウスも注目《ちゅうもく》されている。

小《ちい》さなシロアリの巨人《きょじん》のような家《いえ》

シロアリは、巨大《きょだい》な建物《たてもの》のような「アリ塚《づか》」にくらす。大《おお》きなものでは10メートルもある。アリ塚《づか》のなかは、食《た》べものをたくわえるための部屋《へや》、赤《あか》ちゃんを産《う》むための部《へ》屋《や》、子育《こそだ》てをするための部屋《へや》などにわかれていて、食《た》べものを栽培《さいばい》するための部屋《へや》まである。

ほかのいきものの家《いえ》を利用《りよう》する

捨《す》てられた家《いえ》はどうなる?

いきものの家《いえ》（巣《す》）は役目《やくめ》を終《お》えたあとは、捨《す》てられる。その捨《す》てられた家《いえ》を再利用《さいりよう》して、自分《じぶん》の家《いえ》にするものもいる。

　たとえばキツネは、アナグマが使《つか》わなくなった家《いえ》（巣《す》）を利用《りよう》することがある。アナホリフクロウ、アカハナグマなどもそうだ。

　人《ひと》も、だれかが引《ひ》っこしたあとの家《いえ》に、また別《べつ》の人《ひと》がくらすことはよくある。一方《いっぽう》で、古《ふる》い家《いえ》をこわしてあたらしい家《いえ》につくりかえることも多《おお》い。最近《さいきん》は、だれも住《す》まなくなった空《あ》き家《や》をどうするべきかも問題《もんだい》になっている。

アナホリフクロウ

プレーリードッグの巣《す》を自分《じぶん》の家《いえ》にする！

土《つち》のなかを住《す》みかにするめずらしい鳥《とり》。リスの仲間《なかま》のプレーリードッグが使《つか》わなくなった巣《す》を再利用《さいりよう》することがある。巣《す》を温《あたた》めるために、ウシやウマのふんをしきつめたりもする。

未来《みらい》の家《いえ》って、どんな家《いえ》？

みんなは、どんな家《いえ》に住《す》みたいか考《かんが》えたことはあるかな？

木《き》の上《うえ》の家《いえ》、土《つち》のなかの家《いえ》、自然《しぜん》のなかの家《いえ》、ひょっとしたら空《そら》とぶ家《いえ》に住《す》みたい人《ひと》もいるかもしれないね。自由《じゆう》にいろんな想像《そうぞう》をめぐらせてみよう。

大昔《おおむかし》の人《ひと》の家《いえ》は、地面《じめん》に穴《あな》をほったり、横《よこ》に穴《あな》をほったりしてつくられていた。いまではすごく高《たか》いマンションまでつくれるようになった。そう考《かんが》えると、未来《みらい》にはいまからは想像《そうぞう》もできないような家《いえ》があってもおかしくないね。

アカハナグマ

自分《じぶん》でつくらなくても鳥《とり》の巣《す》を使《つか》えばいい

クマの仲間《なかま》だけど、木《き》の上《うえ》で鳥《とり》の巣《す》のような家《いえ》をつくる。自分《じぶん》で巣《す》をつくらずに、使《つか》わなくなった大《おお》きな鳥《とり》の巣《す》をちゃっかり再《さい》利用《りよう》することもある。

食《しょく》2

なにを食《た》べる？

いきものが生《い》きていくためには
食《た》べなければならない。
〝食《た》べる〟ために知恵《ちえ》をしぼり、
仲間《なかま》と協力《きょうりょく》し、
ときには、命《いのち》だってかける。
とにかく必死《ひっし》だ。

人間《にんげん》も含《ふく》め、あらゆるいきものは
自分《じぶん》ではない動物《どうぶつ》や植物《しょくぶつ》の命《いのち》を食《た》べる。
食《く》うものと食《く》われるものがいるのだ。

食《た》べることを通《とお》して
いきもの同士《どうし》のつながりも見《み》てみよう。

2 食《しょく》 なにを食《た》べる?

どんなうんこをするのかな?

食《た》べたものがうんこになる

ごはんを食《た》べたら、うんこをする。それは、人間《にんげん》はもちろん、すべての動物《どうぶつ》に共通《きょうつう》することだ。

口《くち》から食《た》べたものは、からだのなかで栄養《えいよう》だけを吸《す》いとって、いらないものをうんことして外《そと》に出《だ》す。つまり、うんこを見《み》れば、どんなものを食《た》べたのかがわかる。

だからまずは、いきものたちのうんこから、どんなものを食《た》べているのかを見《み》てみよう。

ゾウのうんこ

ゾウはたくさんの草《くさ》を食《た》べ、たくさんのうんこをする。その量《りょう》は1日《にち》に50キログロム。うんこには消化《しょうか》されていない草《くさ》が含《ふく》まれているため、紙《かみ》がつくれるほどだ。

トラのうんこ

黒《くろ》っぽい色《いろ》をしていて、とてもくさい。トラだけでなく、肉《にく》食動物《しょくどうぶつ》のうんこはくさいのだ。においで、自分《じぶん》のなわばりを示《しめ》すためでもある。

ヒトのうんこ

からだの調子《ちょうし》がわるいときは、うんこがかたくなったり、やわらかくなる。また、食《た》べたものによって、色《いろ》が黒《くろ》くなったり、黄色《きいろ》くなったりもする。みんなも、自分《じぶん》のうんこを観《かん》察《さつ》してみよう。

ウグイスのうんこ

鳥《とり》のうんこにはおしっこも混《ま》じっていて白《しろ》い色《いろ》のものが多《おお》い。ウグイスのうんこは美《うつく》しい白色《しろいろ》で、昔《むかし》から顔《かお》にぬったり、着物《きもの》のシミを落《お》としたりするために使《つか》われてきた。

ヒツジのうんこ

ヒツジは、食《た》べた草《くさ》をとても長《なが》い腸《ちょう》で消化《しょうか》し、直径《ちょっけい》1センチくらいのまん丸《まる》のうんこをする。モンゴルではヒツジのうんこをじゅうたんの下《した》にしきつめて、床《ゆか》の寒《さむ》さをしのぐ。

ウォンバットのうんこ

木《き》の根《ね》を食《た》べるウォンバットのうんこは、サイコロのように四角《しかく》い。なわばりを示《しめ》すために使《つか》われるうんこが、転《ころ》がっていかないようにするためだ。

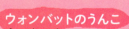

2

食《しょく》

なにを食《た》べる?

肉《にく》を食《た》べる

肉《にく》を丸《まる》のみする

鳥《とり》は果実《かじつ》や種《たね》などの植物《しょくぶつ》を食《た》べるが、魚《さかな》や小動物《しょうどうぶつ》、ほかの鳥《とり》、虫《むし》などの肉《にく》を食《た》べるものもいる。歯《は》がなく、かまずに丸《まる》のみする。

小《ちい》さな魚《さかな》は大《おお》きな魚《さかな》に食《た》べられる

水草《みずくさ》や藻《も》などの植物《しょくぶつ》を食《た》べる草食《そうしょく》の魚《さかな》もいれば、自分《じぶん》よりも小《ちい》さな魚《さかな》を食《た》べる肉食《にくしょく》の魚《さかな》もいる。アジなどの小《ちい》さな魚《さかな》は動物性《どうぶつせい》のプランクトンを食《た》べる。そのアジも、マグロやカツオといった大《おお》きな魚《さかな》に食《た》べられる。

動物《どうぶつ》を丸《まる》ごと食《た》べる

人間《にんげん》は、肉《にく》や野菜《やさい》も食《た》べるし、お米《こめ》やパンなどの穀物《こくもつ》も食《た》べる。いろんなものを食《た》べることで、からだに必要《ひつよう》な栄養《えいよう》をあれこれとっている。

食《た》べて、食《た》べられる

あるいきものを食《た》べ、そのいきものがほかのいきものに食《た》べられる。このようないきもの同士《どうし》のつながりを、食物《しょくもつ》れんさと言《い》う。たとえば、カマキリは葉《は》っぱを食《た》べるバッタを食《た》べ、鳥《とり》はカマキリを食《た》べる。その鳥《とり》を次《つぎ》はタカやワシなどの大《おお》きな鳥《とり》が食《た》べるのだ。

しかし、いきもののなかには、肉《にく》だけを食《た》べて生《い》きているものがいる。肉食動物《にくしょくどうぶつ》と呼《よ》ばれているいきものだ。でも肉《にく》だけを食《た》べていて、栄養《えいよう》はかたよらないのだろうか？

肉食動物《にくしょくどうぶつ》は、わたしたちがよく食《た》べる「肉《にく》」の部分《ぶぶん》だけではなく、内《ない》ぞうや血《ち》なども食《た》べているため、大丈夫《だいじょうぶ》。

たとえばライオンは、草《くさ》を食《た》べるシマウマの内《ない》ぞうを食《た》べることで、内《ない》ぞうのなかに残《のこ》された草《くさ》の栄養《えいよう》もとっている。

いきものが持《も》つビタミンや塩分《えんぶん》などを食《た》べるから、栄養《えいよう》がかたよりにくいのだ。ほかのいきものの「命《いのち》」を丸《まる》ごと食《た》べているとも言《い》える。

2 なにを食《た》べる？ 食《しょく》

植《しょく》物《ぶつ》を食《た》べる

植物《しょくぶつ》の栄養《えいよう》をとり入《い》れる

野菜《やさい》は好《す》き？　きらい？　「野菜《やさい》を食《た》べなさい」と言《い》われるけれど、どうして野菜《やさい》を食《た》べないといけないのだろう？

野菜《やさい》は植物《しょくぶつ》だ。植物《しょくぶつ》は太陽《たいよう》の光《ひかり》と土《つち》、水《みず》から栄養《えいよう》をつくり出《だ》して生《い》きている。人間《にんげん》は野菜《やさい》を食《た》べることで、植物《しょくぶつ》が持《も》つ栄養《えいよう》をからだにとり入《い》れられるのだ。

季節《きせつ》の味《あじ》が好《す》き

春《はる》や夏《なつ》は、草《くさ》を食《た》べるが、秋《あき》になるとドングリやブナの実《み》を食《た》べ、冬《ふゆ》にはキイチゴやツタ、モチノキなどの葉《は》を食《た》べる。季節《きせつ》によって、旬《しゅん》のおいしいものを知《し》っているのだ。

おもに植物《しょくぶつ》だけを食《た》べる動物《どうぶつ》のことを、草食動物《そうしょくどうぶつ》と言《い》う。「草食《そうしょく》」と言《い》っても、草《くさ》ばかり食《た》べているわけではない。葉《は》や木《き》の実《み》、果実《かじつ》、木《き》の皮《かわ》、樹液《じゅえき》、木《き》の根《ね》っこなども食《た》べる。

しかし、植物《しょくぶつ》に含《ふく》まれる栄養《えいよう》はそれほど多《おお》くないため、たくさん食《た》べなければならない。1日《にち》のほとんどの時間《じかん》を、食《た》べることにあてている。

ニホンジカ

木《き》の皮《かわ》や根《ね》まで食《た》べる

草《くさ》や木《こ》の葉《は》、果実《かじつ》などを食《た》べるが、食《た》べるものが少《すく》なくなる冬《ふゆ》には、木《き》の皮《かわ》や根《ね》なども食《た》べる。

同《おな》じものばかり食《た》べる

ひとつの食《た》べものでも生《い》きていける

人間《にんげん》は、からだに必要《ひつよう》な栄養《えいよう》をとるために、さまざまなものを食《た》べる。

ところが、ほかのいきものを見《み》てみると、毎日《まいにち》同《おな》じものを食《た》べていることがけっこう多《おお》い。栄養《えいよう》が足《た》りなくなったりしないのだろうか？

同《おな》じ食《た》べものだけを食《た》べつづけていても、平気《へいき》ないきものも多《おお》い。必要《ひつよう》なタンパク質《しつ》やビタミン、ミネラルといった栄養《えいよう》がじゅうぶん含《ふく》まれているものをえらんで食《た》べているからだ。

それにしても、同《おな》じものばかり食《た》べていて、あきないのだろうか？

いくら大好《だいす》きなハンバーグでも、毎《まい》

コアラ

栄養《えいよう》がない葉《は》でも平気《へいき》

コアラはユーカリの葉《は》だけを食《た》べて生《い》きている。ほとんど栄養《えいよう》がないユーカリの葉《は》は、コアラのからだのなかのとくべつな菌《きん》によって、タンパク質《しつ》やビタミンなどの栄《えい》養《よう》に変《か》えられる。

クワガタムシ

カブトムシ

樹液《じゅえき》さえあればいい

カブトムシやクワガタムシは、クヌギなどの木《き》の樹液《じゅえき》だけを食《た》べて生《い》きている。樹液《じゅえき》には、栄養《えいよう》がたっぷり含《ふく》まれている。栄養《えいよう》ドリンクだ。

お菓子《かし》だけで生《い》きていける？

自分《じぶん》が好《す》きなものだけを食《た》べて生《い》きていけたらどんなにいいだろう……。そんなことを考《かんが》えたことはあるかな？

ポテトチップスは、人間《にんげん》が生《い》きるためには必要《ひつよう》ないの？ 大好物《だいこうぶつ》のおだんごには、栄養《えいよう》は含《ふく》まれていないの？

もちろん、お菓子《かし》に含《ふく》まれる栄養《えいよう》はゼロではない。だけど、お菓子《かし》にかぎらず、なにかひとつの食《た》べものに、人間《にんげん》に必要《ひつよう》な栄養《えいよう》がすべて含《ふく》まれていることはない。だから、好《す》きなものだけ食《た》べていると、栄養《えいよう》がかたよってしまうんだ。

ナガスクジラ

大《おお》きな口《くち》で食《た》べるのは小《ちい》さなオキアミだけ

ナガスクジラは、オキアミという小《ちい》さなプランクトンばかりを食《た》べる。大《おお》きな口《くち》を開《あ》けて海水《かいすい》ごとオキアミを飲《の》みこみ、海水《かいすい》を吐《は》き出《だ》す。そして、ヒゲにひっかかったオキアミを舌《した》でぺろっと食《た》べる。

アリクイ

アリがごちそう

アリクイは、アリやシロアリばかりを食《た》べる。ミネラルがたくさん含《ふく》まれていて栄《えい》養満点《ようまんてん》だけど、1匹《ぴき》1匹《ぴき》は小《ちい》さい。1日《にち》に3万匹《まんびき》ものアリを食《た》べると言《い》う。

日《にち》食《た》べつづけていたらさすがにもういいって思《おも》ってしまいそうだ。

いきものが食《た》べあきるかどうかはわからない。だけど、いきものにとってあたらしい食《た》べものを口《くち》にするのは、危険《きけん》なことでもある。それが毒《どく》かもしれないからだ。

ぜったいに安全《あんぜん》で、栄養《えいよう》になるとわかっている食《た》べものだけを食《た》べる。それは、自然界《しぜんかい》で生《い》きる知恵《ちえ》なのかもしれない。

カラス

生《なま》ゴミだって食《た》べる

カラスは、なんでも食《た》べる。森《もり》や野原《のはら》、海辺《うみべ》の上《うえ》をとびながら、おいしいものを探《さが》している。都会《とかい》に住《す》むカラスにとって、人間《にんげん》の生《なま》ゴミはごちそうだ。食《た》べ散《ち》らかされないように注意《ちゅうい》しよう。

だれの食《た》べもの？

なんでも食《た》べるいきもの

肉《にく》（動物《どうぶつ》）と野菜《やさい》（植物《しょくぶつ》）の両方《りょうほう》を食《た》べることを雑食《ざっしょく》と言《い》う。人間《にんげん》も雑食《ざっしょく》だ。

大昔《おおむかし》、人間《にんげん》は肉食《にくしょく》だったと言《い》われている。ただ、肉《にく》である動物《どうぶつ》の数《かず》は少《すく》ないので、食《た》べたいときにいつでもつかまえられるわけではない。また、つかまえようとして、逆《ぎゃく》に自《じ》

イノシシ

山《やま》の動植物《どうしょくぶつ》を食《た》べる

ヤマイモやタケノコ、キノコ、ドングリなどの植物《しょくぶつ》を食《た》べ、ミミズやサワガニ、ヘビ、タニシ、ネズミといった小《ちい》さい動物《どうぶつ》も食《た》べる。困《こま》ったことに、人《ひと》が育《そだ》てた農作物《のうさくもつ》も大好物《だいこうぶつ》だ。

コイ

口《くち》に入《はい》るものはなんでも食《た》べる

口《くち》に入《はい》るものならば、なんでも食《た》べると言《い》われている。水草《みずくさ》や藻《も》、貝《かい》、イトミミズ、トンボの幼《よう》虫《ちゅう》のヤゴ、ザリガニ、カエル、ほかの魚《さかな》の卵《たまご》などだ。

分《ぶん》たちがおそわれることもある。肉食《にくしょく》には危険《きけん》がともなうのだ。

そのため、人《ひと》は木《き》の実《み》や植《しょく》物《ぶつ》も食《た》べるようになった。そのままでは食《た》べられないものは、煮《に》たり、焼《や》いたり、つぶしたりすることで、食《た》べやすくした。高《たか》い知能《ちのう》を持《も》つ人間《にんげん》ならではの工夫《くふう》を加《くわ》えることで、食《た》べられるものを増《ふ》やしていったのだ。

そのおかげで、わたしたちはいろんなおいしいものを食《た》べられるようになった。

人間《にんげん》と同《おな》じように、いろんなものを食《た》べるいきものを紹《しょう》介《かい》しよう。

ヒト

料理《りょうり》しておいしく食《た》べる

ウシやブタ、トリなどの肉《にく》、あらゆる魚《さかな》や貝《かい》、稲《いね》や根菜《こんさい》、山菜《さんさい》などの植物《しょくぶつ》など、なんでも食《た》べる。調理《ちょうり》の方法《ほうほう》を生《う》み出《だ》したことで、人《ひと》はいろんなものをおいしく食《た》べられるようになった。

2 食《しょく》 なにを食《た》べる?

たまには変《か》わったものを食《た》べる!?

とくべつな日《ひ》の食《た》べもの

たまにしか食《た》べないものってあるかな? たんじょう日《び》のケーキ、お正月《しょうがつ》のおせち料理《りょうり》など、とくべつな日《ひ》に、いつもとちょっとちがうものを食《た》べたりする。

自然《しぜん》のいきものも、たまにいつもとちがうものを食《た》べることがある。でも、とくべつな日《ひ》だからではなさそうだ。

骨《ほね》を食《た》べる

トナカイ

シカの仲間《なかま》は、骨《ほね》をかじることがある。トナカイもそうだ。強《つよ》さの象徴《しょうちょう》である角《つの》は、1年《ねん》に一度《いちど》とれて、ふたたび成長《せいちょう》する。そのときに必要《ひつよう》なカルシウムを、落《お》ちた角《つの》や骨《ほね》を食《た》べてとり入《い》れる。

土《つち》を食《た》べる

マウンテンゴリラは、乾《かわ》いた季節《きせつ》になると、がけから岩《いわ》をほり出《だ》して、黄色《きいろ》い土《つち》を食《た》べる。この土《つち》には鉄《てつ》やアルミニウムなどのミネラルが含《ふく》まれていて、高《たか》い山《やま》でくらすために必要《ひつよう》な栄養《えいよう》をとることができる。

マウンテンゴリラ

汗《あせ》を食《た》べる

チョウ

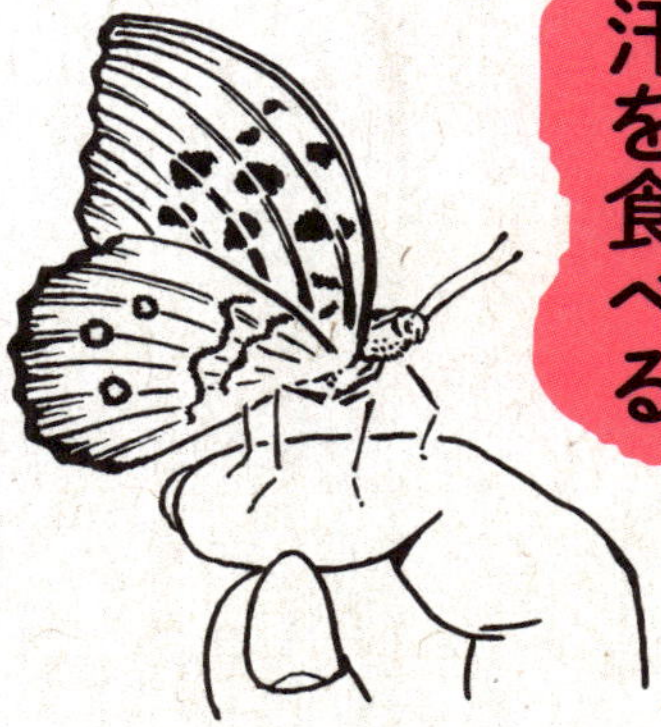

チョウは塩《しお》をとるために、人《ひと》のからだの汗《あせ》をなめることがある。アフリカのチョウは、乾燥《かんそう》した季節《きせつ》になるとゾウのからだをなめるそうだ。

炭《すみ》を食《た》べる

アカコロブス

アカコロブスが食《た》べる木《き》の実《み》や葉《は》には、毒《どく》が含《ふく》まれている。その毒《どく》を消《け》すために、炭《すみ》を食《た》べる。炭《すみ》には、からだのなかの毒《どく》を外《そと》に出《だ》す働《はたら》きがある。

足《た》りない栄養《えいよう》をとる

ゾウやシマウマなどの草食動物《そうしょくどうぶつ》は、塩《しお》が多《おお》く含《ふく》まれている岩《いわ》をかじる。ふだん食《た》べている草《くさ》だけでは足《た》りない塩《しお》をおぎなうためだ。そのために遠《とお》くまで出《で》かけることもある。

いきものは、からだになにが足《た》りないかを、自分《じぶん》でよく知《し》っている。だから、ふだんの食事《しょくじ》で足《た》りない栄養《えいよう》をとり入《い》れようとして、たまに変《か》わったものを食《た》べる。そのためには、少《すこ》しくらいの苦労《くろう》は平気《へいき》だ。

うんこも食《た》べる？

コアラ

大人《おとな》になるために欠《か》かせないうんこ

ユーカリの葉《は》には毒《どく》があり、子《こ》どものコアラはまだ食《た》べられない。お母《かあ》さんは自《じ》分《ぶん》のうんこを子《こ》どもに食《た》べさせて、毒《どく》を分解《ぶんかい》するために欠《か》かせない菌《きん》を与《あた》えている。

ウマ

お母《かあ》さんのうんこを食《た》べる

産《う》まれたてのウマは、お母《かあ》さんのうんこを食《た》べる。うんこから草《くさ》を栄養《えいよう》に変《か》えるために必要《ひつよう》な菌《きん》をとり入《い》れることで、子《こ》どもは草《くさ》を食《た》べられるようになる。

もったいないから食《た》べる？

食《た》べたものは、からだのなかで必《ひつ》要《よう》なものだけが吸収《きゅうしゅう》され、必要《ひつよう》ないものはうんこになって捨《す》てられる。うんこは食《た》べかすだ。そう思《おも》っている人《ひと》も多《おお》いかもしれない。

でも、うんこには、まだ栄養《えいよう》が残《のこ》っている。食《た》べもののすべての栄養《えいよう》がからだに吸収《きゅうしゅう》されるわけではないのだ。

またうんこには、からだを健康《けんこう》に保《たも》つおなかのなかの菌《きん》（腸内細菌《ちょうないさいきん》）も多《おお》く含《ふく》まれている。

だから、自分《じぶん》やほかのいきもののうんこを食《た》べるいきものもたくさんいるのだ。

フンコロガシ

うんこって最高《さいこう》！

うんこだけを食《た》べるめずらしいいきもの。自分《じぶん》の体重《たいじゅう》の1000倍《ばい》もあるふん玉《だま》をうしろ足《あし》で転《ころ》がす。オスがつくったふん玉《だま》にメスが卵《たまご》を産《う》み、そのなかで幼虫《ようちゅう》が育《そだ》つ。うんこが子育《こそだ》ての場《ば》にもなるのだ。

ウサギ

うんこからくり返《かえ》し栄養《えいよう》をとる

やわらかいうんこには、健康《けんこう》になるために大切《たいせつ》なビタミンが含《ふく》まれている。だからウサギは自分《じぶん》のうんこがかたくなるまで、何度《なんど》もくり返《かえ》し食《た》べる。最後《さいご》まで栄養《えいよう》をむだにしないのだ。

うんこが役立《やくだ》つ？

うんこに栄養《えいよう》が残《のこ》っているとしたら、トイレに流《なが》してしまうのはもったいない、かもしれない。

昔《むかし》は、人《ひと》のうんこも活用《かつよう》されていた。ブタのエサにしたり、畑《はたけ》の肥料《ひりょう》にしたりしていたんだ。

みんなも、うんこがどんなものに使《つか》えるか、ちょっと考《かんが》えてよう。

たとえば、うんこで家《いえ》を建《た》てたり、うんこからあたらしい食《た》べものができるかもしれない。「うんこを食《た》べるなんて」と思《おも》うかもしれないが、食《た》べものが少《すく》ない宇宙《うちゅう》でくらすために、うんこを利《り》用《よう》した「宇宙食《うちゅうしょく》」の研究《けんきゅう》もはじまっている。

ワナをしかけて食《た》べる

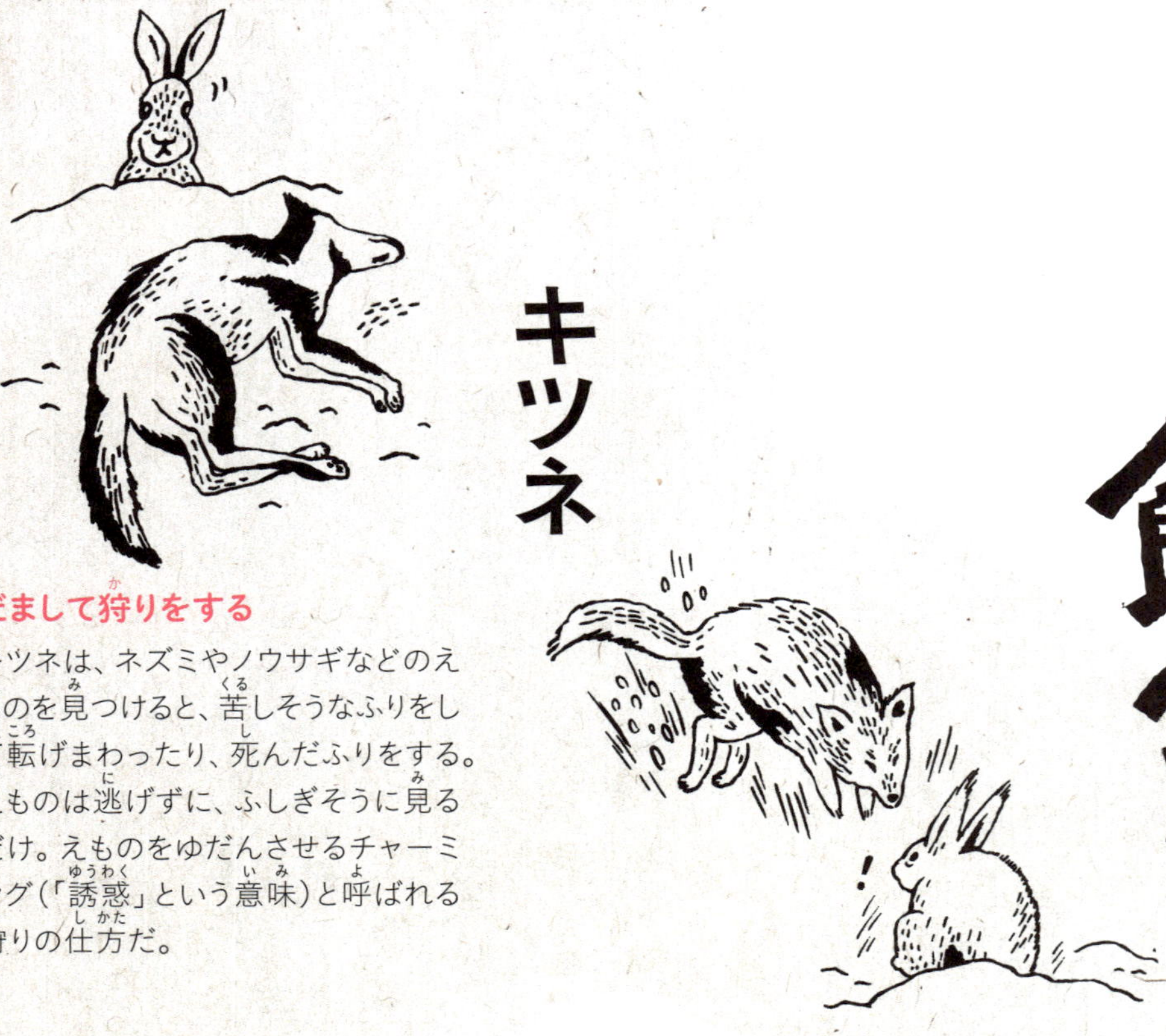

キツネ

だまして狩《か》りをする

キツネは、ネズミやノウサギなどのえものを見《み》つけると、苦《くる》しそうなふりをして転《ころ》げまわったり、死《し》んだふりをする。えものは逃《に》げずに、ふしぎそうに見《み》るだけ。えものをゆだんさせるチャーミング(「誘惑《ゆうわく》」という意味《いみ》)と呼《よ》ばれる狩《か》りの仕方《しかた》だ。

えものをとらえる知恵《ちえ》

イノシシをつかまえて食《た》べたいと思《おも》ったとき、きみならどんな方法《ほうほう》を使《つか》うだろうか?

大《おお》きくてすばしっこいので、直《ちょく》接《せっ》手《て》でつかまえるのはむずかしそうだし、ちょっと危険《きけん》……。となると、イノシシの好《す》きな食《た》べものを置《お》いておびきよせ、ワナをしかけるという方法《ほうほう》を思《おも》いつくかもしれない。

人間《にんげん》は、こんなふうに頭《あたま》を使《つか》って、えものをうまくつかまえる方法《ほうほう》を考《かんが》える。いきものたちも同《おな》じように、えものをとらえるために、いろいろな工夫《くふう》をしているんだ。

それは自然《しぜん》のなかで生《い》き抜《ぬ》くための知恵《ちえ》でもある。親《おや》から教《おそ》わらなくても、生《う》まれながら方《ほう》法《ほう》を知《し》っているいきものも多《おお》い。

ザトウクジラ

仲間《なかま》と協力《きょうりょく》して追《お》いこむ

ザトウクジラは、仲間《なかま》と協力《きょうりょく》して狩《か》りをする。ニシンやサバなどの魚《さかな》の群《む》れのまわりを、ぐるぐるまわりながら泡《あわ》を吐《は》く。泡《あわ》に囲《かこ》まれて逃《に》げられない魚《さかな》を、口《くち》を開《あ》けながら下《した》から急上昇《きゅうじょうしょう》して一気《いっき》に飲《の》みこむのだ。

クモ

ネバネバした糸《いと》のワナ

クモにとって、巣《す》はたんなる家《いえ》ではない。虫《むし》をとらえるためのワナでもあるのだ。ネバネバした糸《いと》であみをはり、虫《むし》が引《ひ》っかかるのを待《ま》つ。クモはとらえた虫《むし》を糸《いと》でぐるぐる巻《ま》きにし、毒《どく》で動《うご》けなくしてから食《た》べる。

2 食《しょく》 なにを食《た》べる？

どのくらいたくわえられる？

ラクダ

背中《せなか》のこぶは栄養《えいよう》タンク

ラクダが住《す》む砂漠《さばく》は、水《みず》や食《た》べものが少《すく》ない。そのため、こぶに栄養《えいよう》をたくわえている。こぶのなかに含《ふく》まれる栄養《えいよう》（脂肪《しぼう》）から、なんと水《みず》がつくられる。健康《けんこう》なラクダは、1日《にち》に40リットルもの水《みず》をつくるそうだ。

食《た》べられないときにそなえる

冬《ふゆ》は、食《た》べものを見《み》つけにくい季《き》節《せつ》だ。飢《う》えてしまわないように、夏《なつ》や秋《あき》の間《あいだ》に、食《た》べものをたくさん集《あつ》め、冬《ふゆ》までとっておくものもいる。

リスやクマなどのいきものは、巣《す》のなかに食《た》べものをたくわえて冬《ふゆ》にそなえる。

あらかじめおなかいっぱい食《た》べて、自分《じぶん》のからだに脂肪《しぼう》としてたくわえておくものもいる。

たくわえた脂肪《しぼう》だけで、しばらくなにも食《た》べずに生《い》きていくことができるのだ。

キョクアジサシ

とび立《た》つ前《まえ》にからだにためる

渡《わた》り鳥《どり》は、長旅《ながたび》にそなえて多《おお》めに食《た》べる。でも、食《た》べすぎるととぶのが大変《たいへん》だ。北極《ほっきょく》から南極《なんきょく》まで行《い》き来《き》するキョクアジサシの場合《ばあい》、たくわえる脂肪《しぼう》は、きっちり体重《たいじゅう》の28パーセントだ。

ホッキョクギツネ

雪《ゆき》のなかが天然《てんねん》の冷《れい》ぞう庫《こ》に

食《た》べ残《のこ》しを穴《あな》のなかにたくわえておくのが、北極《ほっきょく》に住《す》むキツネだ。夏《なつ》でも温《おん》度《ど》が低《ひく》いので、新鮮《しんせん》なまま保存《ほぞん》できる。

ヒト

食《た》べものを保存《ほぞん》する
知恵《ちえ》がいっぱい

地震《じしん》でスーパーやコンビニに食品《しょくひん》が届《とど》かないというニュースを見《み》たことはある？人《ひと》はいざというときのために、缶詰《かんづめ》やインスタントラーメンなどの食《た》べものを家《いえ》のなかにたくわえている。また、つけものや干《ひ》ものは、昔《むかし》からある保存食《ほぞんしょく》だ。

育《そだ》てて食《た》べる

ヒト

育《そだ》てられた食《た》べものだらけ

ウシやブタ、ニワトリなどの家畜《かちく》を育《そだ》てる人《ひと》、野菜《やさい》や果物《くだもの》などの作物《さくもつ》を育《そだ》てる人《ひと》、魚《さかな》を育《そだ》てる人《ひと》など、食《た》べものを育《そだ》てる人《ひと》がいるおかげで、わたしたちは毎日《まいにち》ごはんを食《た》べられる。

だれかが育《そだ》てた食《た》べもの

スーパーマーケットに並《なら》ぶ、いろんな種類《しゅるい》の食《た》べもの。それは、だれかが育《そだ》てたいきものや植物《しょくぶつ》だ。

牧場《ぼくじょう》でウシを育《そだ》てている人《ひと》がいるから、牛肉《ぎゅうにく》や牛乳《ぎゅうにゅう》、ヨーグルト、チーズなどが手《て》に入《はい》る。畑《はたけ》で稲《いね》や野菜《やさい》を育《そだ》てている人《ひと》がいるから、米《こめ》や新鮮《しんせん》な野菜《やさい》を食《た》べられる。

魚《さかな》は漁師《りょうし》さんが海《うみ》からとってきたものだけでなく、人《ひと》によって育《そだ》てられたもの（養殖《ようしょく》と言《い》う）も増《ふ》えてきた。お菓子《かし》に使《つか》われるさとうや小麦粉《こむぎこ》だって、もとの材料《ざいりょう》は畑《はたけ》で育《そだ》てられたサトウキビや小麦《こむぎ》などの植物《しょくぶつ》だ。

食《た》べものを育《そだ》てるめずらしいアリ

食《た》べものを自分《じぶん》たちで育《そだ》てられるのは、人間《にんげん》だからこそ。自然《しぜん》に生《い》きるいきものたちは、食《た》べものを育《そだ》てたりはしない。

ところが、なかにはまるで作《さく》物《もつ》を栽培《さいばい》しているかのように見《み》えるいきものがいる。その代表《だいひょう》的《てき》なものがハキリアリだ。

ハキリアリは、土《つち》のなかの巣《す》で、アリタケと呼《よ》ばれるキノコを育《そだ》てて食《た》べている。このアリタケを栽培《さいばい》するために、ハキリアリは葉《は》っぱを巣《す》のなかにはこんでいるのだ。

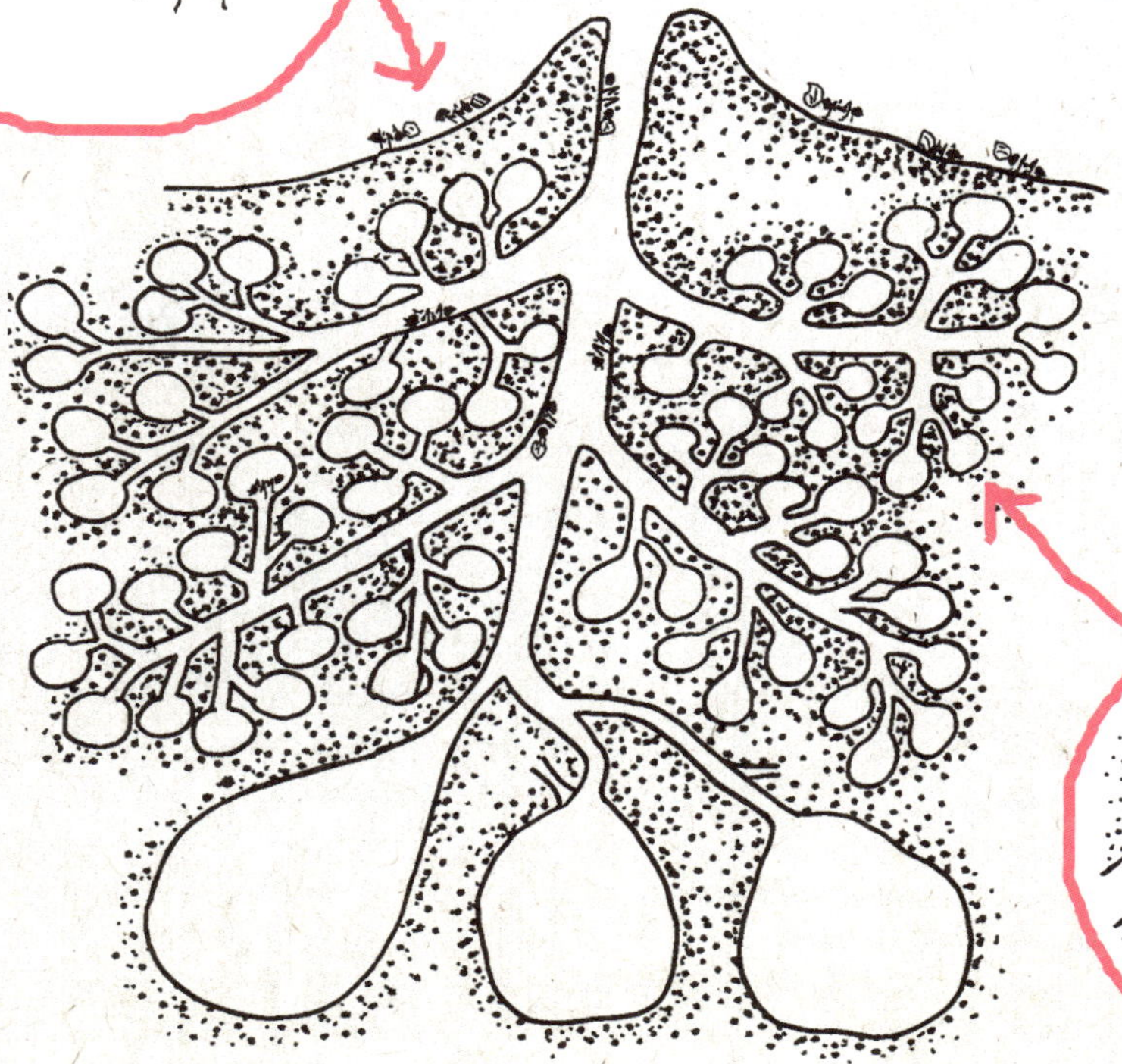

ハキリアリ

巣《す》のなかで菌《きん》を増《ふ》やす

ハキリアリは、葉《は》っぱを巣《す》に持《も》ち帰《かえ》るが、それを食《た》べるわけではない。アリタケと呼《よ》ばれる菌《きん》を増《ふ》やすために、葉《は》を集《あつ》めているのだ。巣《す》のなかは、アリタケが増《ふ》えやすい温度《おんど》と湿度《しつど》に保《たも》たれている。

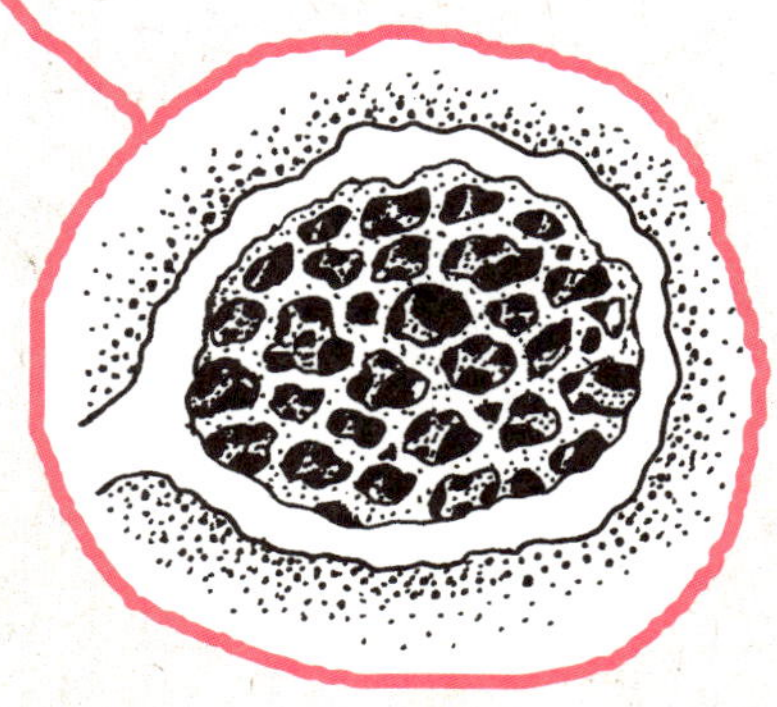

みんなで食《た》べる

仲間《なかま》で血《ち》を分《わ》け合《あ》う

動物《どうぶつ》の血《ち》を食《た》べるナミチスイコウモリは、メスたちが集《あつ》まっていっしょにくらす。食《た》べられない日《ひ》が2日《ふつか》つづくと、命《いのち》を落《お》としてしまうそうだ。巣《す》では、血《ち》を食《た》べられなかったものが、ほかの仲間《なかま》から分《わ》けてもらえる。逆《ぎゃく》の立場《たちば》になったときは、お返《かえ》しするのだ。

同《おな》じ草《くさ》を食《た》べてもけんかをしない

シマウマは草《くさ》の上《うえ》のほう、ヌーは真《ま》んなかくらい、トムソンガゼルは下《した》のほうを食《た》べる。同《おな》じ草《くさ》を食《た》べる動物《どうぶつ》でも、食《た》べるところがちがうので、分《わ》け合《あ》って食《た》べることができるのだ。

ともに生《い》きていくために

　アラスカに住《す》むヒグマは、サケをつかまえても、すべてを食《た》べつくさない。栄養《えいよう》の多《おお》い頭《あたま》の部分《ぶぶん》や、卵《たまご》だけを食《た》べて、肉《にく》（身《み》）は残《のこ》して立《た》ち去《さ》る。もったいないと思《おも》うかもしれないが、大丈夫《だいじょうぶ》。残《のこ》された肉《にく》は、鳥《とり》たちの食《た》べものになるからだ。

　また、ライオンがしとめたえものの食《た》べ残《のこ》しは、ハイエナやハゲワシのごちそうだ。くさった肉《にく》でも、かまわずに食《た》べる。

　意識《いしき》していないかもしれないが、結果的《けっかてき》にみんなで分《わ》け合《あ》って食《た》べ、ともに生《い》きているように見《み》える。

ヒト

みんなでワイワイ食《た》べる

家族《かぞく》や友《とも》だち、ときには知《し》らない人《ひと》とも食卓《しょくたく》を囲《かこ》み、分《わ》け合《あ》って食《た》べる。それは、人間《にんげん》らしさのひとつかもしれない。ひとりで食《た》べるよりも、みんなで食《た》べるほうがたのしくて、おいしく感《かん》じる。どうしてだろう？

3 休《やす》む

寝《ね》ることは大切《たいせつ》？

人《ひと》はなぜ、
休《やす》まないといけないのだろう？
もし夜《よる》に寝《ね》なくてもいいとしたら、
もっと遊《あそ》べるし、
もっと本《ほん》を読《よ》めるかもしれない。
ほかのいきものたちは
いつ、どのように、
どのくらい休《やす》んでいるんだろう？
休《やす》むこと、寝《ね》ることについて、
考《かんが》えていこう。

3 休《やす》む
寝《ね》ることは大切《たいせつ》？

どうやって休《やす》む？

安全《あんぜん》に休《やす》むための工夫《くふう》

自然《しぜん》にくらすいきものたちは、休《やす》んでいるときほど、敵《てき》におそわれる危険《きけん》が多《おお》い。そのため、休《やす》み方《かた》にも工夫《くふう》が必要《ひつよう》だ。

敵《てき》に見《み》つかりにくい場所《ばしょ》に巣《す》をつくって休《やす》むもの、土《つち》のなかにもぐって休《やす》むもの、木《き》や葉《は》っぱにかくれて休《やす》むために、からだの色《いろ》が木《き》や葉《は》っぱと同《おな》じ色《いろ》をしているものもいる。

また、敵《てき》がおそってきても、だれかが気《き》づけるように、仲間《なかま》で集《あつ》まって休《やす》むものもいる。

わたしたちが家《いえ》のなかでぐっすり眠《ねむ》れるのも、家《いえ》のなかが安全《あんぜん》だからではないだろうか？

フラミンゴ

とっても寒《さむ》がり？

フラミンゴは、一本足《いっぽんあし》で立《た》ったまま、羽《はね》のなかに顔《かお》をうずめて休《やす》む。からだが冷《ひ》えないようにするためだ。顔《かお》だけでなく、羽《はね》のなかに足《あし》を片足《かたあし》ずつ入《い》れて温《あたた》める。

ラッコ

起《お》きたら、知《し》らない場所《ばしょ》に!?

ラッコは寝《ね》るとき、毛布《もうふ》にくるまるかのように海藻《かいそう》（コンブ）をからだに巻《ま》きつける。寝《ね》ている間《あいだ》に、遠《とお》くに流《なが》されないようにするためだ。

頭《あたま》とからだを休《やす》める

いきものたちは、いつも寝《ね》ている。寝《ね》ることには、どんな意《い》味《み》があるのだろう？

ずっと活動《かつどう》をつづけていると、頭《あたま》もからだも疲《つか》れてしまう。疲《つか》れてしまうと、えものをとることがむずかしくなり、ぼんやりとして敵《てき》にもねらわれやすい。それに、寝《ね》ることは、成長《せいちょう》にも欠《か》かせない。寝《ね》ることは、育《そだ》つことなのだ。

ヒト

忍者《にんじゃ》はどうやって寝《ね》る？

忍者《にんじゃ》は、心《しん》ぞうがある左側《ひだりがわ》を下《した》にして寝《ね》る。もし寝《ね》ているときに敵《てき》に攻撃《こうげき》されても、心《しん》ぞうを守《まも》れば、命《いのち》を守《まも》れるかもしれないからだ。

カレイ

砂《すな》のなかでかくれんぼ

魚《さかな》には、砂《すな》のなかにもぐるものも多《おお》い。カレイもそうだ。砂《すな》のような色《いろ》と模様《もよう》をしたカレイが砂《すな》にもぐると、どこにいるのかわからなくなる。

ハゲブダイ

寝袋《ねぶくろ》に入《はい》って おやすみなさい

エラから分泌《ぶんぴつ》されるネバネバとした粘液《ねんえき》でつくられた袋《ふくろ》に入《はい》って休《やす》む。敵《てき》であるウツボから身《み》を守《まも》っているのだ。

ほとんど休《やす》まない?

止《と》まったら死《し》んでしまう?

マグロやカツオは、口《くち》を開《あ》けたまま、とてもはやいスピードで泳《およ》ぎ、水《みず》のなかの酸素《さんそ》を体内《たいない》にとり入《い》れる。もし泳《およ》ぐのをやめると、窒息《ちっそく》して死《し》んでしまうのだ。

動《うご》きながら休《やす》んでいる

たとえば、マグロやカツオなどの大《おお》きな魚《さかな》は、ずっと泳《およ》ぎつづけないと死《し》んでしまう。そのため、人間《にんげん》のように休《やす》むことはできない。

ほとんど休《やす》んでいないように見《み》えるいきものでも、人間《にんげん》にはまねできないような方法《ほうほう》で休《やす》んでいる。カモメなどの渡《わた》り鳥《どり》やイルカは、なんと脳《のう》を半分《はんぶん》ずつ交代《こうたい》で休《やす》ませることができるのだ。

ウシなどの草食動物《そうしょくどうぶつ》は、食《た》べた植物《しょくぶつ》を消化《しょうか》するのに時間《じかん》がかかるため、寝《ね》ている間《あいだ》も、口《くち》を動《うご》かしつづけている。食《た》べているのか、休《やす》んでいるのかわからない。

片目《かため》をとじて、ボーッとしてみよう

人間《にんげん》もイルカやカモメのように、脳《のう》を半分《はんぶん》ずつ休《やす》ませることができるだろうか？

いきものによって脳《のう》のしくみは少《すこ》しちがうけれど、人間《にんげん》も脳《のう》を片方《かたほう》ずつ休《やす》ませることはできるらしい。イルカやカモメと同《おな》じように、ちょっと疲《つか》れたときに、片目《かため》ずつとじて頭《あたま》（脳《のう》）を休《やす》めてみよう。短《みじか》い時間《じかん》でも、いがいとすっきりするかもしれないよ。

カモメ

半分《はんぶん》寝《ね》て半分《はんぶん》起《お》きている!?

カモメなどの渡《わた》り鳥《どり》は、脳《のう》を半《はん》分《ぶん》ずつ休《やす》ませることができる。休《やす》む場所《ばしょ》がない海《うみ》でも、とびつづけることができるのだ。

片時《かたとき》も目《め》をはなさない?

イルカも脳《のう》を半分《はんぶん》ずつ休《やす》める。右目《みぎめ》をとじると左《ひだり》の脳《のう》が休《やす》み、左目《ひだりめ》をとじると右《みぎ》の脳《のう》が休《やす》む。サメなどの敵《てき》から身《み》を守《まも》り、水《すい》面《めん》に顔《かお》を出《だ》して呼吸《こきゅう》するため。

イルカ

もぐもぐしながら寝《ね》る

ウシは、臼《うす》のような歯《は》で草《くさ》をかみくだき、胃《い》のなかで少《すこ》しだけ消化《しょうか》する。そして、もう一度《いちど》口《くち》に戻《もど》してかむ。これを何度《なんど》もくり返《かえ》す。食《た》べるのに時《じ》間《かん》がかかり、寝《ね》る時間《じかん》は1日《にち》3時間《じかん》くらい。その間《あいだ》もずっと口《くち》を動《うご》かしつづけている。

ウシ

1日中《いちにちじゅう》休《やす》んでいる？

ほとんど動《うご》かず、食事《しょくじ》もちょっとしか食《た》べない。エネルギーを節約《せつやく》する生《い》き方《かた》だ。

主食《しゅしょく》のユーカリの葉《は》に含《ふく》まれる毒《どく》を分解《ぶんかい》するには、エネルギーが必要《ひつよう》。長《なが》く寝《ね》て体力《たいりょく》をたくわえている。

食《た》べなくても１年近《ねんちか》く生《い》きられるため、寝《ね》る時間《じかん》が長《なが》くても平気《へいき》。

ライオンがよく寝《ね》るのは、狩《か》りにそなえて、体力《たいりょく》をとっておくためだ。

どうして寝《ね》る時間《じかん》がちがうのか

ウシやヤギ、ウマは1日《にち》に2時間《じかん》から3時間《じかん》くらいしか寝《ね》ないと言《い》われている。からだの大《おお》きいゾウだって、4時間《じかん》くらいしか寝《ね》ない。

草食動物《そうしょくどうぶつ》の多《おお》くは、肉食動物《にくしょくどうぶつ》よりも睡眠時間《すいみんじかん》が短《みじか》い。植物《しょくぶつ》は栄養効率《えいようこうりつ》がわるいので、寝《ね》る間《ま》を惜《お》しんで食《た》べつづけなければいけないのだ。

肉食動物《にくしょくどうぶつ》のライオンは、昼間《ひるま》はゴロゴロと寝《ね》てすごし、えものを追《お》いかける夕方《ゆうがた》にそなえている。狩《か》りの時間《じかん》は短《みじか》いけれど、エネルギーが必要《ひつよう》だからだ。そ

ヒト
8

大人《おとな》は6～8時間《じかん》くらい寝《ね》る。子《こ》どもは10時《じ》間《かん》くらい寝《ね》る。

ウサギ
8

短《みじか》い時間《じかん》寝《ね》て、少《すこ》し食《た》べて、また寝《ね》る。敵《てき》が近《ちか》づいてきたらすぐ気《き》づくように、目《め》を開《あ》けたまま眠《ねむ》る。

パンダ
10

パンダは、人間《にんげん》の子《こ》どもとだいたい同《おな》じくらい寝《ね》る。起《お》きているときは、ずっと笹《ささ》の葉《は》を食《た》べている。

ネズミ
13

からだの小《ちい》さなネズミは、食《た》べたエネルギーをすぐに使《つか》い切《き》って、寝《ね》てしまう。

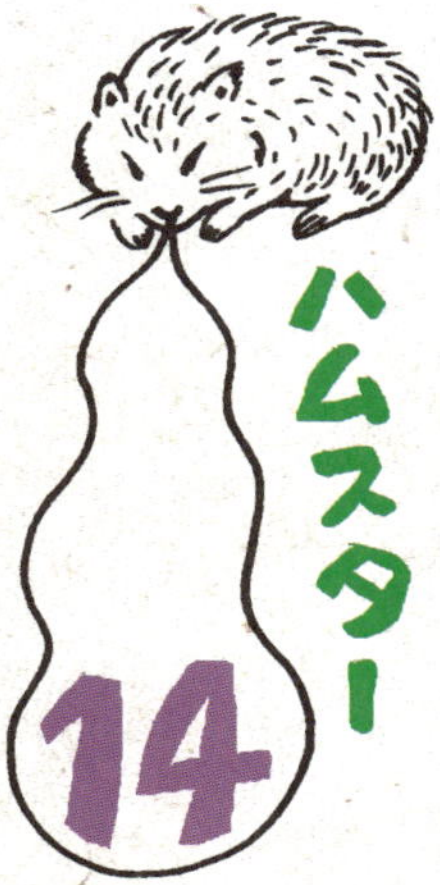
ハムスター
14

10分《ぷん》から15分《ふん》くらいの短《みじか》い睡眠《すいみん》を何《なん》度《ど》もくり返《かえ》す。合計《ごうけい》するとかなり長《なが》く寝《ね》ている。

のため、ゆっくり休《やす》んで、体力《たいりょく》を温存《おんぞん》している。

わたしたち人間《にんげん》が昼間《ひるま》に元気《げんき》に動《うご》けるのは、夜《よる》にしっかりと寝《ね》ているからだ。

夜《よる》、あまり眠《ねむ》れなかったら、次《つぎ》の日《ひ》はどうなるだろう？

チョット
なりきってみよう

ナマケモノみたいに寝《ね》てみよう

人間《にんげん》はどのくらい寝《ね》ることができるのだろう？　休《やす》みの日《ひ》に、チャレンジしてみよう。

目《め》が覚《さ》めてしまっても、布団《ふとん》のなかでゴロゴロすごしてみるのだ。からだが元気《げんき》なときに、ずっと寝《ね》てすごすって、じつはむずかしい。なにもしないで寝《ね》るだけって退屈《たいくつ》だし、おなかもすいてくる。どんなふうに感《かん》じるだろうか。

いつ休《やす》む?

夜《よる》に活動《かつどう》するいきものたち

人間《にんげん》は夜《よる》に寝《ね》て、昼《ひる》に活動《かつどう》している。逆《ぎゃく》に、昼《ひる》に寝《ね》て、夜《よる》に活動《かつどう》する夜行性《やこうせい》のいきものも多《おお》い。どうして、わざわざ夜《よる》に起《お》きているのだろうか？

それは、夜《よる》だと敵《てき》にねらわれにくいため。明《あか》るい昼《ひる》にウロウロすると敵《てき》に見《み》つかってしまうのだ。一方《いっぽう》、そんな夜《や》行性《こうせい》のいきものをねらっている肉食動物《にくしょくどうぶつ》もいる。人《ひと》が寝《ね》ている夜《よる》でもけっこうにぎやかだ。

暗《くら》い夜《よる》でも活動《かつどう》できるように、夜行性《やこうせい》のいきものは、耳《みみ》や鼻《はな》の能力《のうりょく》が発達《はったつ》しているものが多《おお》い。

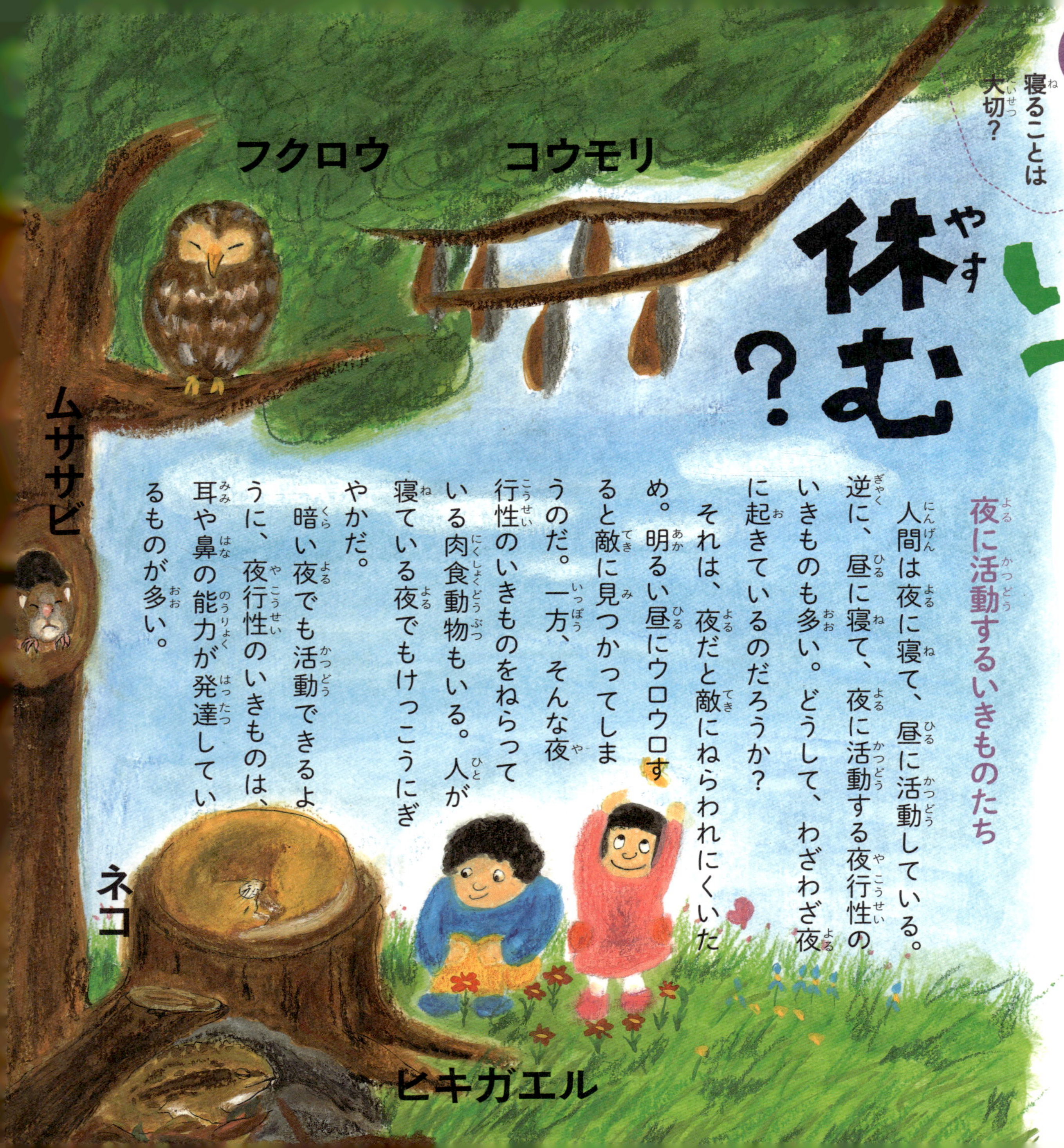
フクロウ
コウモリ
ムササビ
ネコ
ヒキガエル

タカやワシには勝《か》てない

フクロウが食《た》べる小《ち》さなほ乳類《にゅうるい》や鳥《とり》は、昼間《ひるま》はタカやワシなどの大型《おおがた》で強《つよ》い鳥《とり》もねらっている。けんかをさけて、夜《よる》にえものを探《さが》すのだ。

ムダな争《あらそ》いはさけたい!?

昼間《ひるま》はどうくつの天井《てんじょう》で逆《さか》さになって寝《ね》ている。鳥《とり》がいなくなった夜《よる》に、超音波《ちょうおんぱ》を使《つか》って食《たべ》ものを探《さが》す。

夜《よる》でもにおいで動《うご》きまわれる

鼻《はな》の能力《のうりょく》がすぐれていて、暗《くら》くても果実《かじつ》や若葉《わかば》などを見《み》つけることができる。

グータラではないにゃ～！

昼《ひる》はゴロゴロ寝《ね》てばかりいるが、大好物《だいこうぶつ》のネズミが動《うご》き出《だ》す早朝《そうちょう》と夕方《ゆうがた》は大忙《おおいそが》しだ。

土《つち》のなかでのんびり昼寝《ひるね》

カエルは夜行性《やこうせい》。ヒキガエルは、昼《ひる》は土《つち》のなかで寝《ね》ている。雨《あめ》が降《ふ》った日《ひ》の夜《よる》、3時間《じかん》ほど地上《ちじょう》に出《で》て昆虫《こんちゅう》などを食《た》べ、また土《つち》のなかに戻《もど》る。

寒《さむ》いときに休《やす》む

食《た》べものがないならなにもしない

すごく寒《さむ》い冬《ふゆ》の日《ひ》は、外《そと》に出《で》るのがおっくうになる。その思《おも》いは、いきものたちも同《おな》じ。冬《ふゆ》の間《あいだ》になにもせず、じっとしているいきものがいる。それが「冬眠《とうみん》」だ。

冬眠《とうみん》するのは、おっくうだからだけではない。ちゃんとした理由《りゆう》がある。

大《おお》きな理由《りゆう》は、冬《ふゆ》は食《た》べものが少《すく》ないからだ。食《た》べるものがない

冬眠《とうみん》するめずらしい鳥《とり》

鳥《とり》で冬眠《とうみん》するのは、プアーウィルヨタカだけ。暖《あたた》かいところにとんで行《い》けるからだ。呼吸《こきゅう》や心《しん》ぞうのはたらきを最小限《さいしょうげん》にして、寒《さむ》い冬《ふゆ》を岩《いわ》の割《わ》れ目《め》ですごす。

気温《きおん》が下《さ》がると活動《かつどう》をやめる

カエルは、まわりの温度《おんど》によってからだの温度《おんど》も変《か》わる変温《へんおん》動物《どうぶつ》だ。寒《さむ》い冬《ふゆ》になると体温《たいおん》が下《さ》がり、泥《どろ》や土《つち》のなかで動《うご》かなくなる。

冬眠中《とうみんちゅう》に赤《あか》ちゃんを産《う》む

冬眠中《とうみんちゅう》は、からだのなかにたくわえた脂肪《しぼう》だけですごす。おしっこやうんこもしない。でも寝《ね》ているだけじゃない。メスは冬眠中《とうみんちゅう》に赤《あか》ちゃんを産《う》み、おっぱいをあげて子育《こそだ》てもする。

と、力《ちから》つきて死《し》んでしまう。冬《ふゆ》は、できるだけじっとすごして、暖《あたた》かい春《はる》がくるのを待《ま》つ。それは生《い》き残《のこ》るための知恵《ちえ》でもある。

チョット
かんがえてみよう
おきなさい!!

冬《ふゆ》はふとんから出《で》られない？

冬《ふゆ》の朝《あさ》、なかなかふとんから出《で》られないことはないだろうか？ ぬくぬくしたふとんから「エイヤ！」と起《お》き出《だ》すのは、ちょっと勇気《ゆうき》がいるかもしれない。

人間《にんげん》のからだは、夏《なつ》よりも冬《ふゆ》のほうが睡眠時間《すいみんじかん》が長《なが》くなるようにできていると言《い》われている。それは、気温《きおん》ではなく日《ひ》の長《なが》さと関係《かんけい》している。冬《ふゆ》は太陽《たいよう》が出《で》る時間《じかん》が遅《おそ》く、日《ひ》が沈《しず》む時間《じかん》が早《はや》い。そのため冬《ふゆ》は、夏《なつ》よりも30分《ぷん》くらい多《おお》めに寝《ね》たほうがいいそうだ。

チョウ
カマキリ
シマリス

体温《たいおん》が冷《れい》ぞう庫《こ》と同《おな》じに！

シマリスは、1分間《ぶんかん》の呼吸《こきゅう》の回数《かいすう》が通常《つうじょう》95回《かい》。それが冬《とう》眠中《みんちゅう》は2分《ふん》から3分《ぶん》に1回《かい》になる。体温《たいおん》も37度《ど》から4度《ど》くらいまで下《さ》がる。

卵《たまご》のまま春《はる》を待《ま》つ

カマキリの卵《たまご》は泡《あわ》のようなもので包《つつ》まれ、寒《さむ》さと敵《てき》から守《まも》られている。成虫《せいちゅう》は冬《ふゆ》をこすことができないが、卵《たまご》を産《う》むことで命《いのち》をつなぐ。

変身《へんしん》してきびしい冬《ふゆ》をこす

チョウは、卵《たまご》→幼虫《ようちゅう》→サナギ→成虫《せいちゅう》という一生《いっしょう》を送《おく》る。きびしい冬《ふゆ》は、サナギとしてすごす。

夏《なつ》休《やす》みがある？

雨《あめ》が降《ふ》るのが待《ま》ちどおしい！

アフリカのサハラ砂《さ》漠《ばく》に住《す》むニシアフリカワニは、雨《あめ》が降《ふ》って緑地《りょくち》が現《あらわ》れるとき以外《いがい》は、穴《あな》のなかでじっとしている。砂漠《さばく》でもワニが住《す》めるのは夏眠《かみん》があるからだ。

暑《あつ》いとなにもしたくない？

暑《あつ》い国《くに》では、昼間《ひるま》の気温《きおん》が50度《ど》をこえるところもある。外《そと》は暑《あつ》すぎて、働《はたら》くのは大変《たいへん》だ。そのため、昼間《ひるま》は家《いえ》で休《やす》み、涼《すず》しくなる夕方《ゆうがた》から仕事《しごと》をする人《ひと》も多《おお》い。

暑《あつ》さと乾燥《かんそう》を生《い》きのびる

学校《がっこう》には夏休《なつやす》みがある。まだ冷房《れいぼう》がなかった時代《じだい》、暑《あつ》い日《ひ》に汗《あせ》びっしょりになって机《つくえ》に向《む》かい、勉強《べんきょう》するのは大変《たいへん》だった。そのため夏休《なつやす》みができたと言《い》われている。

なんと自然《しぜん》のなかでも、夏休《なつやす》みのあるいきものもいる。

人間《にんげん》の場合《ばあい》、夏休《なつやす》みはふだんできない遊《あそ》びや体験《たいけん》をたのしんだりする時間《じかん》でもある。

一方《いっぽう》、いきものたちの夏休《なつやす》みは、なにもせずにじっとすごすだけ。冬眠《とうみん》と同《おな》じだ。夏眠《かみん》、または乾眠《かんみん》とも呼《よ》ばれている。

もちろん暑《あつ》いからという理由《りゆう》もあるけれど、乾燥《かんそう》から身《み》を守《まも》るという

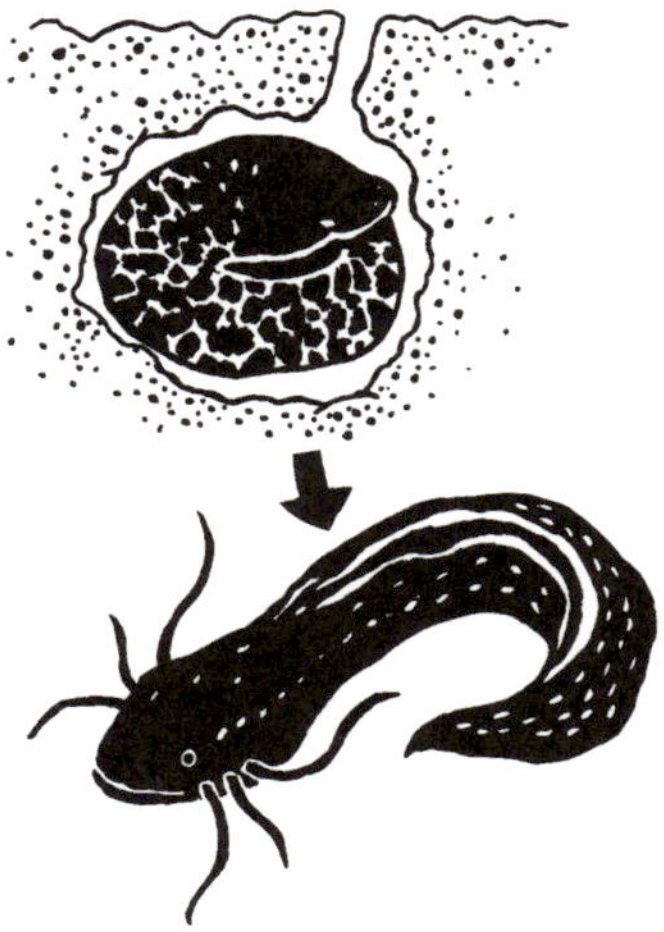

ハイギョ

生《い》きのびるためのシェルター

沼《ぬま》の水《みず》が枯《か》れてなくなると、からだからネバネバとした液《えき》を出《だ》して全身《ぜんしん》を包《つつ》む。乾《かわ》いてしまわない工夫《くふう》だ。雨《あめ》が降《ふ》って水《みず》が増《ふ》えると、また動《うご》き出《だ》す。

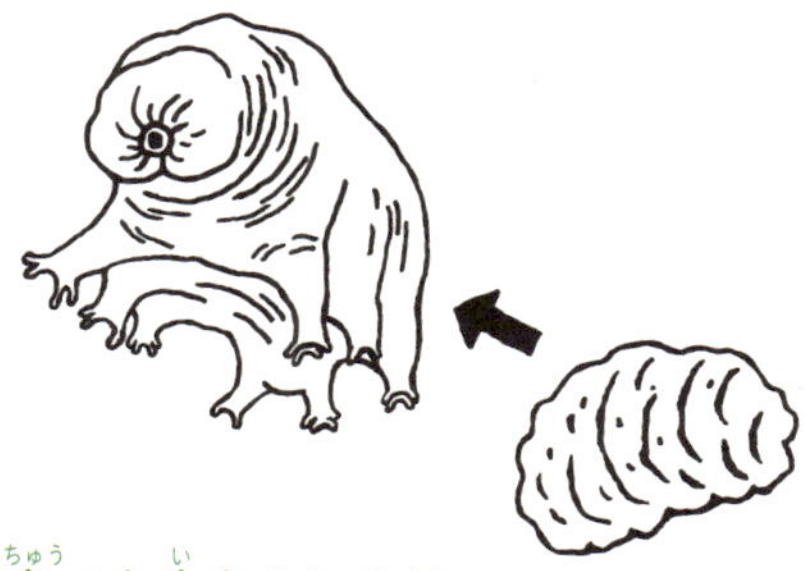

クマムシ

宇宙《うちゅう》でも生《い》きられる!?

乾燥《かんそう》した季節《きせつ》になると、からだのなかの水《みず》を減《へ》らして小《ちい》さくなり活動《かつどう》をやめる。水《みず》を与《あた》えるとすぐに活動《かつどう》をはじめる。空気《くうき》がない宇宙空間《うちゅうくうかん》でも、10日《とおか》間《かん》生《い》きのびたという実験《じっけん》もある。休《やす》みをとる名人《めいじん》だ。

ニシアフリカワニ

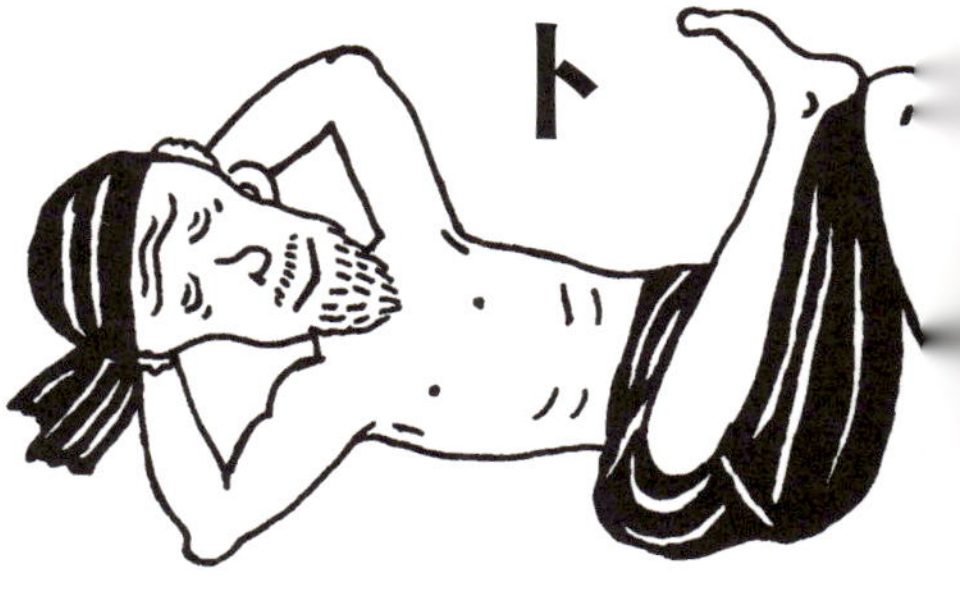

ヒト

目的《もくてき》も大《おお》きい。砂漠《さばく》のような、ほとんど雨《あめ》が降《ふ》らない乾燥《かんそう》したところで生《い》きのびるための工夫《くふう》でもある。

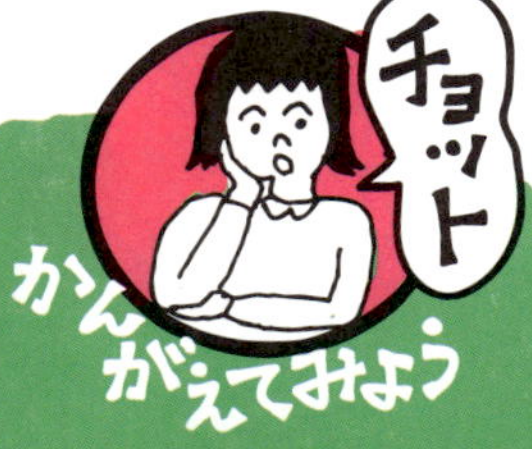

眠《ねむ》くなるのはどんなとき？

夜以外《よるいがい》にも、眠《ねむ》くなるときってあるよね。それは、どんなときだろうか？ たとえば、ぽかぽかして暖《あたた》かいとき、外《そと》でいっぱい遊《あそ》んだあと、ごはんを食《た》べておなかいっぱいになったとき……。ちょっとむずかしい話《はなし》を聞《き》いているときも、眠《ねむ》くなるかもしれないね。

いきものは、寒《さむ》さや暑《あつ》さから身《み》を守《まも》るために眠《ねむ》ったり休《やす》んだりもする。人間《にんげん》の場合《ばあい》はどうだろう？ 似《に》ているところ、ちがうところを考《かんが》えてみよう。

4 けが・病気《びょうき》

健康《けんこう》に生《い》きるには？

自然《しぜん》のなかで生《い》きていると、
けがをしたり、病気《びょうき》になることも多《おお》い。
けがや病気《びょうき》をしたとき、
人間《にんげん》は病院《びょういん》に行《い》ったり、くすりを飲《の》んだりするけれど、
ほかのいきものたちは、どうしているんだろう？

いきものたちが、なにより大切《たいせつ》にしているのは
生《い》き残《のこ》ること、そして子《こ》どもを産《う》むことだ。
けがや病気《びょうき》で死《し》なないように、
いろんな工夫《くふう》をしている。
人間《にんげん》も学《まな》ぶことがあるかもしれない。

アフリカゾウ

身《み》をかくして ひとりで 回復《かいふく》を待《ま》つ

アフリカゾウは、1頭《とう》のメスをリーダーに、その家族《かぞく》20〜30頭《とう》でいっしょにくらしている。

傷《きず》ついたゾウは、群《む》れからこっそりとはなれて身《み》をかくす。まるで、仲間《なかま》に迷惑《めいわく》をかけまいとしているかのようだ。ゾウは仲間意識《なかまいしき》が強《つよ》く、けがをした仲間《なかま》を助《たす》け合《あ》うことも多《おお》い。

群《む》れからはなれたゾウは、水《みず》とやわらかい草《くさ》がある木陰《こかげ》で休《やす》み、けがや病気《びょうき》が治《なお》るのを待《ま》つ。

けがや病気《びょうき》をしたら……

からだの異変《いへん》をかくす

自然《しぜん》のなかのくらしはきびしい。たった一度《いちど》のけがや病気《びょうき》で死《し》んでしまうこともたくさんあるのだ。

けがや病気《びょうき》をしているいきものたちは、つらくても、できるかぎり元気《げんき》そうにふるまう。

たとえばヒツジなどの草食動物《そうしょくどうぶつ》は、弱《よわ》っているそぶりを見《み》せると、敵《てき》である肉食動物《にくしょくどうぶつ》にねらわれやすくなる。またオオカミ

愛読者カード

お買い求めの本の書名

お買い求めになった動機は何ですか？（複数回答可）

1. タイトルにひかれて　2. デザインが気に入ったから
3. 内容が良さそうだから　4. 人にすすめられて
5. 新聞・雑誌の広告で（掲載紙誌名　　　　）
6. その他（　　　　）

表紙　1. 良い　2. ふつう　3. 良くない
定価　1. 安い　2. ふつう　3. 高い

最近関心を持っていること、お読みになりたい本は？

本書に対するご意見・ご感想をお聞かせください

ご感想を広告等、書籍のPRに使わせていただいてもよろしいですか？

1. 実名で可　2. 匿名で可　3. 不可

ご協力ありがとうございました。
尚、ご提供いただきました情報は、個人情報を含まない統計的な資料の作成等に使用します。その他の利用について詳しくは、当社ホームページ http://publications.asahi.com/company/privacy/ をご覧下さい。

郵便はがき

おそれいりますが
切手をお貼り
下さい

1 0 4 - 8 0 1 1

東京都中央区築地
5－3－2

株式会社
朝日新聞出版
生活・文化編集部 行

ご住所　〒 電話　　　（　　　）		
ふりがな お名前		
Eメールアドレス		
ご職業	年齢 歳	性別 男・女

このたびは本書をご購読いただきありがとうございます。
今後の企画の参考にさせていただきますので、ご記入のうえ、ご返送下さい。
お送りいただいた方の中から抽選で毎月10名様に図書カードを差し上げます。
当選の発表は、発送をもってかえさせていただきます。

など、群《む》れでくらす動物《どうぶつ》のオスは、弱《よわ》みを見《み》せたら、ほかのオスに自分《じぶん》が支配《しはい》している群《む》れをうばわれてしまう。

そのため、たとえけがをしたとしても、ほかのいきものたちにバレないようにしているのだ。

なかには、群《む》れからはなれて、ひとりでじっと回復《かいふく》を待《ま》つものもいる。

けがや病気《びょうき》が治《なお》って元気《げんき》になれば、また群《む》れに戻《もど》り、家族《かぞく》といっしょにくらしはじめる。

大《おお》きな動物《どうぶつ》の食《た》べ残《のこ》しを小《ちい》さな動物《どうぶつ》が食《た》べ、最後《さいご》は目《め》に見《み》えない微生物《びせいぶつ》が食《た》べつくす。死《し》んでも、さまざまないきものの命《いのち》になる。

少《すこ》し回復《かいふく》したら、水《みず》を飲《の》み、草《くさ》を食《た》べるようになる。ただし、まだ群《む》れに戻《もど》れるほどではない。

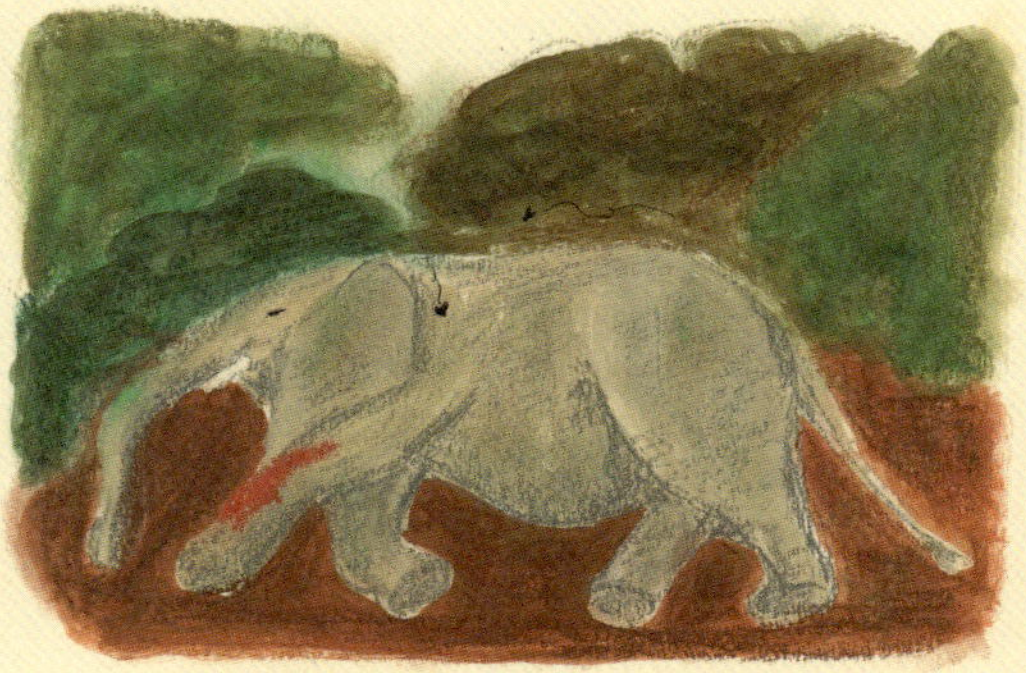

回復《かいふく》できず、死《し》んでしまった。死《し》んだゾウの肉《にく》は、ハイエナやライオン、ワシなどの動物《どうぶつ》の食《た》べものになる。

草《くさ》を食《た》べず、水《みず》も飲《の》まず、何日《なんにち》も横《よこ》たわって苦《くる》しんでいる。日《ひ》に日《ひ》に動《うご》かなくなっていく。

植物《しょくぶつ》をくすりにする

いきものもくすりを飲《の》む

かぜをひいたときや、おなかをこわしたときなどに、くすりを飲《の》む。熱《ねつ》を下《さ》げたり、おなかの調子《ちょうし》をよくしたりするためだ。

からだには病気《びょうき》に負《ま》けないための力《ちから》（免疫力《めんえきりょく》）がそなわっているけれど、つらいときは病院《びょういん》に行《い》き、くすりの力《ちから》を借《か》りることも多《おお》い。

では、いきものはどうしているのだろう？

じつは、自然界《しぜんかい》にもくすりになるものが多《おお》く存在《そんざい》する。

植物《しょくぶつ》もそのひとつだ。

植物《しょくぶつ》のなかには、みずから毒《どく》をつくり、なるべく食《た》べられないようにしているものがある。それらの植物《しょくぶつ》の毒《どく》の多《おお》くが、少《すこ》しの量《りょう》であれば、いきものにとってのくす

ネコ

草《くさ》といっしょに毛玉《けだま》を吐《は》き出《だ》す

ネコは肉食動物《にくしょくどうぶつ》だが、草《くさ》を食《た》べることがある。胃《い》が刺激《しげき》され、毛《け》などの消化《しょうか》できないものや、ほかの不要《ふよう》なものを吐《は》き出《だ》すためだ。

ウマ

体調《たいちょう》がわるいときは……

草食動物《そうしょくどうぶつ》のウマは、オオバコの葉《は》が大好物《だいこうぶつ》。おなかの調子《ちょうし》をととのえて、からだのなかのわるいものを出《だ》してくれるからだ。オオバコは、昔《むかし》から自然《しぜん》のくすりとして人間《にんげん》にも知《し》られてきた。

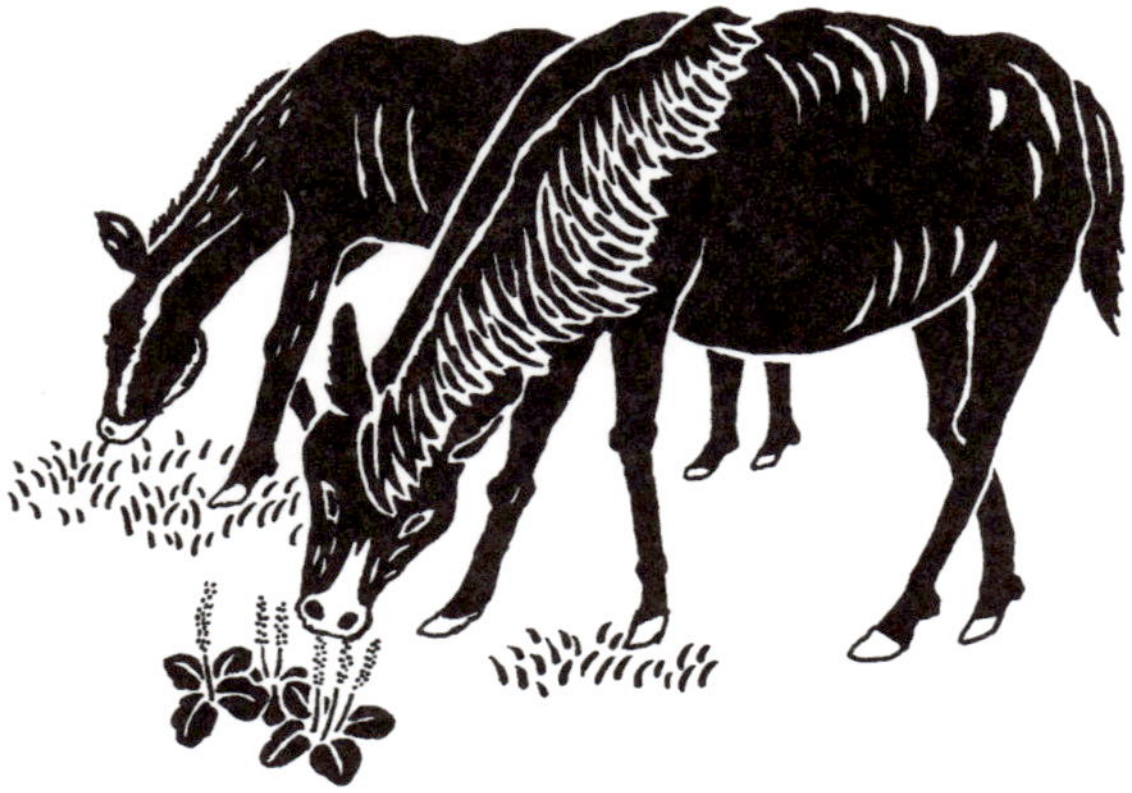

りにもなる。たとえば、変《へん》なものを食《た》べてしまったとき、毒《どく》のある植物《しょくぶつ》をほんの少《すこ》しとり入《い》れることで、からだのなかのわるいものを外《そと》に出《だ》すことができるのだ。

ウリハムシ

卵《たまご》を守《まも》るために毒《どく》を食《た》べる

ウリハムシの成虫《せいちゅう》は、弱《よわ》い毒《どく》が含《ふく》まれているウリ科《か》の植物《しょくぶつ》の葉《は》を食《た》べる。その毒《どく》が土《つち》のなかに産《う》みつけられる卵《たまご》を菌《きん》から守《まも》ってくれる。予防薬《よぼうやく》だ。

アカコロブス

自然《しぜん》のかぜぐすり

アカコロブスは、からだの調子《ちょうし》がわるいと、いつもの倍《ばい》の量《りょう》の木《き》の皮《かわ》を食《た》べる。木《き》の皮《かわ》には、痛《いた》みをやわらげたり、わるい菌《きん》が増《ふ》えないようにする成分《せいぶん》があるからだ。

人間《にんげん》は薬草《やくそう》をどう使《つか》ってきた？

もともと人間《にんげん》のくすりは、自然《しぜん》に生《は》えている植物《しょくぶつ》からつくられてきたものも多《おお》い。いろんな植物《しょくぶつ》をためし、どんな効果《こうか》があるのかをたしかめながら、薬草《やくそう》が発見《はっけん》されてきたんだ。

現在《げんざい》でも、漢方薬《かんぽうやく》などは自然《しぜん》の植物《しょくぶつ》からつくられているが、病院《びょういん》で出《だ》されるくすりの多《おお》くは化学的《かがくてき》につくられたもの。なかには、薬草《やくそう》と同《おな》じ成分《せいぶん》を人工的《じんこうてき》につくり出《だ》し、くすりにしているものもある。

土《つち》はからだにいい?

健康《けんこう》なからだにはミネラルが必要《ひつよう》

土《つち》や泥《どろ》はきたないもの。みんなは、そう思《おも》っていないかな?

たしかに土《つち》や泥《どろ》のなかには、多《おお》くのわるい菌《きん》がいる。ところが、そんな土《つち》や泥《どろ》を好《この》んで食《た》べるいきものは、けっこう多《おお》い。

その理由《りゆう》は、土《つち》や泥《どろ》のなかには、からだに必要《ひつよう》なカルシウム、鉄《てつ》、硫《い》黄《おう》など、ミネラルと呼《よ》ばれる栄《えい》養《よう》が含《ふく》まれているから。

それらが足《た》りないと骨《ほね》が弱《よわ》くなったり、体調《たいちょう》がわるくなったりする。

また、植物《しょくぶつ》に含《ふく》まれている毒《どく》

バク
草《くさ》や木《こ》の葉《は》、果実《かじつ》などを食《た》べるバクは、ねんどが多《おお》く含《ふく》まれている土《つち》を好《この》んで食《た》べる。土《つち》を食《た》べるいきものは草食《そうしょく》動物《どうぶつ》に多《おお》い。
オウム
オウムの仲間《なかま》には、シロアリの巣《す》や土《つち》を定期的《ていきてき》に食《た》べるものが多《おお》い。ねんどを飲《の》みこんで、からだのなかの毒《どく》を出《だ》す。
コンゴウインコ
ねんどを食《た》べることで、毒《どく》がある種《たね》を食《た》べられる。ねんどはからだのなかに12時間《じかん》もとどまり、毒《どく》からからだを守ってくれる。
土《つち》を食《た》べているとおなかの調子《ちょうし》がいい!
マルミミゾウ
マルミミゾウは、胃腸《いちょう》の調子《ちょうし》がわるくなると土《つち》を食《た》べる。ふだんは木《こ》の葉《は》を食《た》べるが、果実《かじつ》を食《た》べる時期《じき》だけ、土《つち》を食《た》べる量《りょう》が減《へ》るそうだ。
ヒト
昔《むかし》から世界中《せかいじゅう》で土《つち》を食《た》べる習《しゅう》慣《かん》があった。からだのなかのわるいものを出《だ》すために、土《つち》を食《た》べる部族《ぶぞく》もいる。

チンパンジーは、アリ塚《づか》を枝《えだ》でほじくって土《つち》を食《た》べる。体調《たいちょう》がわるいときほど、アリ塚《づか》の土《つち》を食《た》べるという報告《ほうこく》もある。
チンパンジー
キリン
アリ塚《づか》の土《つち》には、普通《ふつう》の土《つち》よりもねんどが多《おお》く含《ふく》まれる。キリンだけでなく、ゾウやサルなどの草《そう》食動物《しょくどうぶつ》もアリ塚《づか》の土《つち》を食《た》べる。
アリ塚《づか》は いきものの くすり箱《ばこ》 みたい!?
ヒト
サイ
オーストラリアの先住民《せんじゅうみん》は、おなかをこわすと、アリ塚《づか》の内側《うちがわ》の土《つち》を水分《すいぶん》がなくなるまで火《ひ》であぶって食《た》べるそうだ。
サイは、毒《どく》がある植物《しょくぶつ》を食《た》べて、からだに住《す》みつく寄生虫《きせいちゅう》を退治《たいじ》する。その強《つよ》い毒《どく》でからだをこわさないように、アリ塚《づか》の土《つち》を食《た》べる。

を減らすためには、ナトリウムというミネラルが必要《ひつよう》だ。そのため草食動物《そうしょくどうぶつ》は、たまに土《つち》や泥《どろ》を食《た》べに行《い》く。

いきものたちは アリ塚《づか》の土《つち》が好《す》き

土《つち》や泥《どろ》に含《ふく》まれているねんどには、毒《どく》を固《かた》めて排出《はいしゅつ》する役割《やくわり》もある。

そのねんどがたくさん含《ふく》まれているのがアリ塚《づか》だ。そのため、体調《たいちょう》がわるくなったら、アリ塚《づか》の土《つち》を食《た》べるいきものもいる。

じつは、人間《にんげん》にとっても土《つち》は役立《やくだ》つ。実際《じっさい》、昔《むかし》から土《つち》を食《た》べる習慣《しゅうかん》がある人《ひと》たちもいた。もちろん、どんな土《つち》でも食《た》べられるわけではないので、まねはしないように！

いきものも日《にっ》光《こう》浴《よく》が好《す》き

ムクドリ

落《お》ち着《つ》きがない日光浴《にっこうよく》

ムクドリは羽《はね》をバタバタとさせながら日光浴《にっこうよく》をする。羽《はね》についた寄生虫《きせいちゅう》を殺《ころ》すためだ。

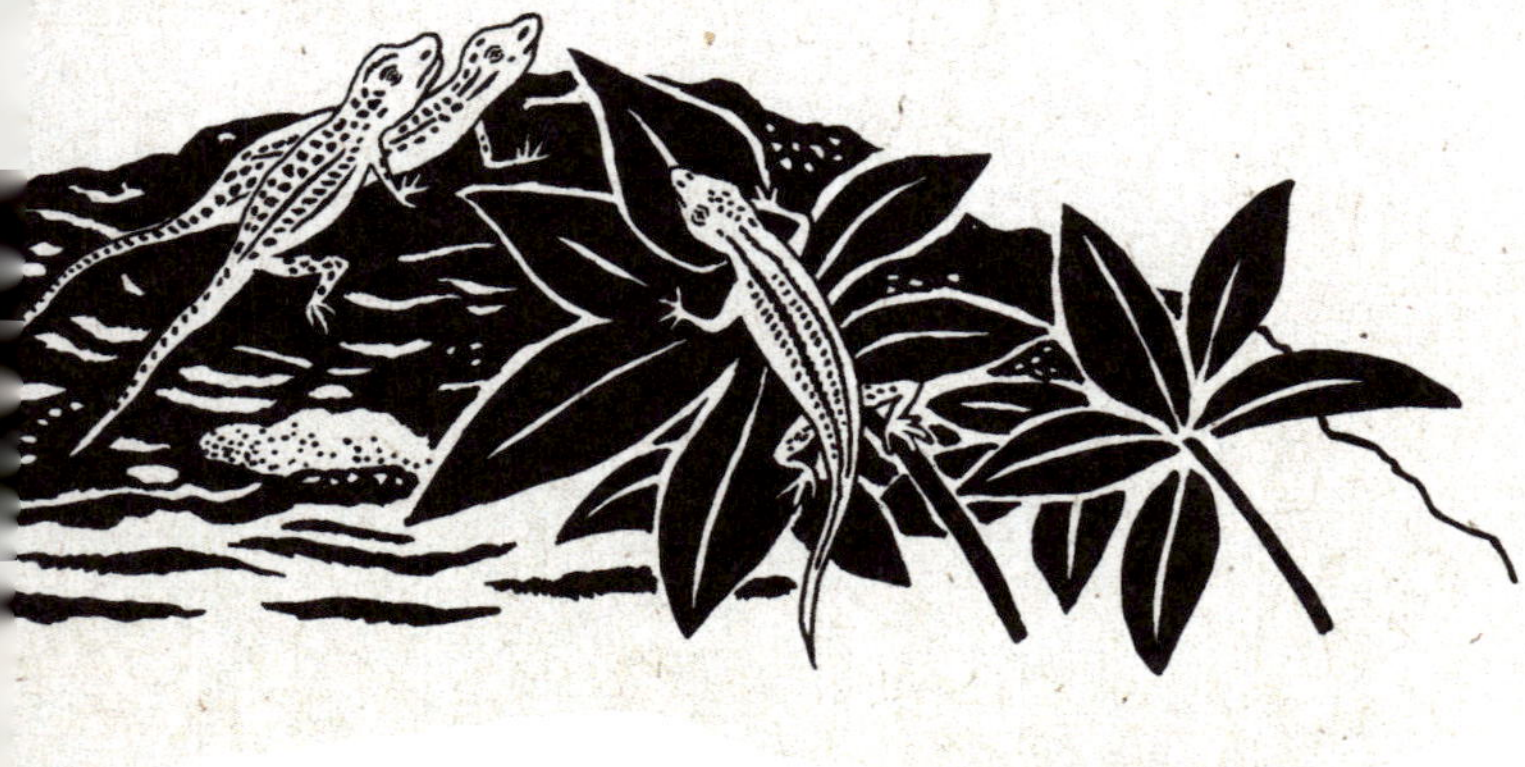

カメ

長《なが》生《い》きのひけつ、こうら干《ぼ》し

カメは日光浴《にっこうよく》で、からだを温《あたた》め、血《ち》の流《なが》れをよくする。こうら干《ぼ》しで、病気《びょうき》を防《ふせ》ぐのだ。

病気《びょうき》になったら太陽《たいよう》の光《ひかり》を浴《あ》びる

人《ひと》の場合《ばあい》、日光《にっこう》の浴《あ》びすぎは、がんの原因《げんいん》になると言《い》われている。けれども、まったく浴《あ》びないのもよくない。

たとえば、骨《ほね》や歯《は》を丈夫《じょうぶ》にする、心地《ここち》よい夜《よる》の眠《ねむ》りをうながすなど、人《ひと》が元気《げんき》に生《い》きていくためには日光《にっこう》が欠《か》かせないのだ。それに、天気《てんき》のいい日《ひ》、ひなたぼっこで太陽《たいよう》の光《ひかり》を浴《あ》びるのは最高《さいこう》に気持《きも》ちいい。

いきものたちも、ひなたぼっこを好《この》むものが多《おお》い。それは、健康《けんこう》に生《い》きるためのひけつでもある。太陽《たいよう》の光《ひかり》で体温《たいおん》を高《たか》くすることで、からだのなかにいるわるい菌《きん》を退治《たいじ》するのも、ひとつの目的《もくてき》だ。

熱《ねつ》にはキャベツの葉《は》をピタッ

かぜをひくと、熱《ねつ》が出《で》るのはなぜ？　それは、高温《こうおん》になると生《い》きられない菌《きん》やウイルスを退治《たいじ》するためだ。

そんなとき、くすりの力《ちから》で急《きゅう》に熱《ねつ》を下《さ》げると、菌《きん》やウイルスを退治《たいじ》できない（高温《こうおん》になりすぎると命《いのち》が危険《きけん》なので、くすりを使《つか》うほうがいい）。

そこで、昔《むかし》から使《つか》われてきた安全《あんぜん》でやさしい方法《ほうほう》が、キャベツの葉《は》っぱを頭《あたま》にかぶる解《げ》熱《ねつ》方法《ほうほう》。ひんやりしたキャベツの葉《は》をかぶることでからだの熱《ねつ》が吸《す》いとられ、少《すこ》しずつ熱《ねつ》が下《さ》がるのだ。

ヒト

たまにはのんびりひなたぼっこ

太陽《たいよう》の光《ひかり》を浴《あ》びることで、丈夫《じょうぶ》な骨《ほね》や歯《は》をつくるビタミンD《ディー》という栄養《えいよう》がつくられる。

ビスカッチャ

眠《ねむ》そうな朝一番《あさいちばん》の日光浴《にっこうよく》

南《みなみ》アメリカのアンデス山脈《さんみゃく》に住《す》むビスカッチャは、朝日《あさひ》がのぼると、からだを温《あたた》めるために日光浴《にっこうよく》をする。ウサギに似《に》ているけれど、ネズミの仲間《なかま》だ。

トカゲ

体温《たいおん》を上《あ》げて体調《たいちょう》を治《なお》す

トカゲは調子《ちょうし》がわるくなると、暖《あたた》かいところに移動《いどう》して、体《たい》温《おん》を2度《ど》ほど上《あ》げる。アリやハエも同《おな》じように、日光浴《にっこうよく》をして体調《たいちょう》を治《なお》す。葉《は》っぱの上でじっとしているのは、治《ち》りょう中《ちゅう》なのかもしれない。

ハリネズミ

危険《きけん》な昼間《ひるま》の日光浴《にっこうよく》

ハリネズミは夜行性《やこうせい》のいきものだが、からだの調子《ちょうし》がわるくなると、昼間《ひるま》に日《ひ》あたりのいい場所《ばしょ》に出《で》てくる。体温《たいおん》を上《あ》げて菌《きん》を退治《たいじ》するためだ。

お風《ふ》呂《ろ》は気《き》持《も》ちいい

どうしてお風呂《ふろ》に入《はい》るの？

どうしてお風呂《ふろ》に入《はい》るのか、考《かんが》えたことはあるかな？　もちろん「お風呂《ふろ》に入《はい》らないと、きたないから」という理由《りゆう》もあるだろう。

そのほかにも、いいことがたくさんある。からだを温《あたた》めると血《ち》の流《なが》れがよくなり、からだのなかのわるいものを排出《はいしゅつ》しやすくなる。また、菌《きん》を退治《たいじ》する力《ちから》（免疫力《めんえきりょく》）も強《つよ》くなる。お風呂《ふろ》に入《はい》ることで、健康《けんこう》になれるんだ。

でも自然《しぜん》のいきものは、川《かわ》や池《いけ》で水《みず》浴《あ》びはしても、お風呂《ふろ》には入《はい》らない。どうやってからだをきれいにして、健《けん》康《こう》を保《たも》っているのだろう？

お風呂《ふろ》が大好《だいす》きな日本人《にほんじん》

日本《にほん》には温泉《おんせん》がたくさんあり、お風呂《ふろ》が好《す》きという人《ひと》も多《おお》い。家《いえ》のお風呂《ふろ》には毎日《まいにち》のように入《はい》る。でも世界《せかい》では、シャワーしかない家《いえ》や、数日《すうじつ》に一度《いちど》しか入浴《にゅうよく》しない人《ひと》もめずらしくない。

お風呂《ふろ》に入《はい》るかわりに……

泥浴《どろあ》び

スイギュウ

泥《どろ》をぬればぬるほどきれいになる!?

スイギュウは、泥《どろ》のなかに寝《ね》ころんで、からだに泥《どろ》をぬる「泥浴《どろあ》び」をする。泥《どろ》が乾《かわ》くと、からだについた寄生虫《きせいちゅう》もいっしょに落《お》ちるのだ。ゾウやイノシシ、サイなども泥浴《どろあ》びが好《す》き。

スズメ

鳥《とり》は砂浴《すなあ》びが好《す》き?

スズメは、砂《すな》に穴《あな》をほって羽《はね》をバタバタとさせる「砂浴《すなあ》び」をする。羽《はね》についた汚《よご》れやダニ、シラミなどを落《お》とすためだ。多《おお》くの鳥《とり》が砂浴《すなあ》びをする。

砂浴《すなあ》び

毛《け》づくろい

サル

虫《むし》をとり合《あ》うほど仲《なか》がいい

家族《かぞく》や仲《なか》のいいもの同士《どうし》で毛《け》づくろいをする。からだについたノミなどの寄生虫《きせいちゅう》をとりのぞくためだ。毛《け》づくろいをするいきものは多《おお》い。

蟻浴《ぎよく》

カケス

アリをこすりつけて羽《はね》をきれいにする

カケスやムクドリ、カラスなどの鳥《とり》には、アリをからだにこすりつけるものがいる。アリが出《だ》す化学《かがく》物質《ぶっしつ》が、からだについた菌《きん》やダニなどを退治《たいじ》し、羽《はね》をきれいにしてくれるのだ。

いきものも虫《む》歯《ば》になる?

虫歯《むしば》になるのは人間《にんげん》だけ?

「ごはんを食《た》べたら、歯《は》をみがこう」。いつもそう言《い》われているんじゃないかな。もちろん理由《りゆう》はただひとつ、歯《は》をみがかないと虫歯《むしば》になってしまうからだ。

いきものにとっても歯《は》は大事《だいじ》。歯《は》がなくなると、なにも食《た》べられなくなってしまうので、生《い》きるか死《し》ぬかの大問題《だいもんだい》でもある。

でも虫歯《むしば》になるのは、人間《にんげん》とペットとして飼《か》われているイヌやネコだけと言《い》われている。自然《しぜん》に生《い》きるいきものは、さとうが含《ふく》まれているお菓子《かし》やジュースなどを口《くち》にしないからだ。

ワニの歯《は》をそうじする鳥《とり》

ワニチドリはワニの歯《は》にはさまったものを食《た》べて、きれいにそうじしてくれる。ただ、ワニの歯《は》は何度《なんど》も生《は》えてくるので、そうじをしてもらう意味《いみ》は、よくわかっていない。

チンパンジー

木《き》の皮《かわ》で歯《は》みがき

チンパンジーは、木《き》の皮《かわ》をかんで歯《は》をきれいにする。木《き》の皮《かわ》には、菌《きん》を退《たい》治《じ》する成分《せいぶん》が含《ふく》まれているのだ。また、つまようじのように木《き》の枝《えだ》で歯《は》の間《あいだ》にはさまったものをとったり、家族《かぞく》や仲《なか》間《ま》と歯《は》をそうじし合《あ》ったりもする。

ヒト

健康《けんこう》のためにも歯《は》が大事《だいじ》

歯《は》が健康《けんこう》だと、ごはんをおいしく食《た》べられる。口《くち》のなかにいるたくさんの菌《きん》は、虫歯《むしば》だけではなく、心《しん》ぞうや骨《ほね》など、いろんな病気《びょうき》の原因《げんいん》にもなる。

歯《は》をきれいにする めずらしいいきもの

人間《にんげん》は、子《こ》どもの歯《は》から大人《おとな》の歯《は》に生《は》え変《か》わったら、もう二度《にど》とあたらしい歯《は》が生《は》えてこない。だから、歯《は》みがきが大《たい》切《せつ》なのだ。

自然《しぜん》に生《い》きるいきものは虫歯《むしば》にならないけれど、まるで歯《は》みがきをしているように見《み》えるものもいる。

自分《じぶん》で歯《は》をきれいにしているものもいれば、ほかのいきものに手伝《てつだ》ってもらうものもいるのだ。

もとどおりに再生《さいせい》する力《ちから》

プラナリア

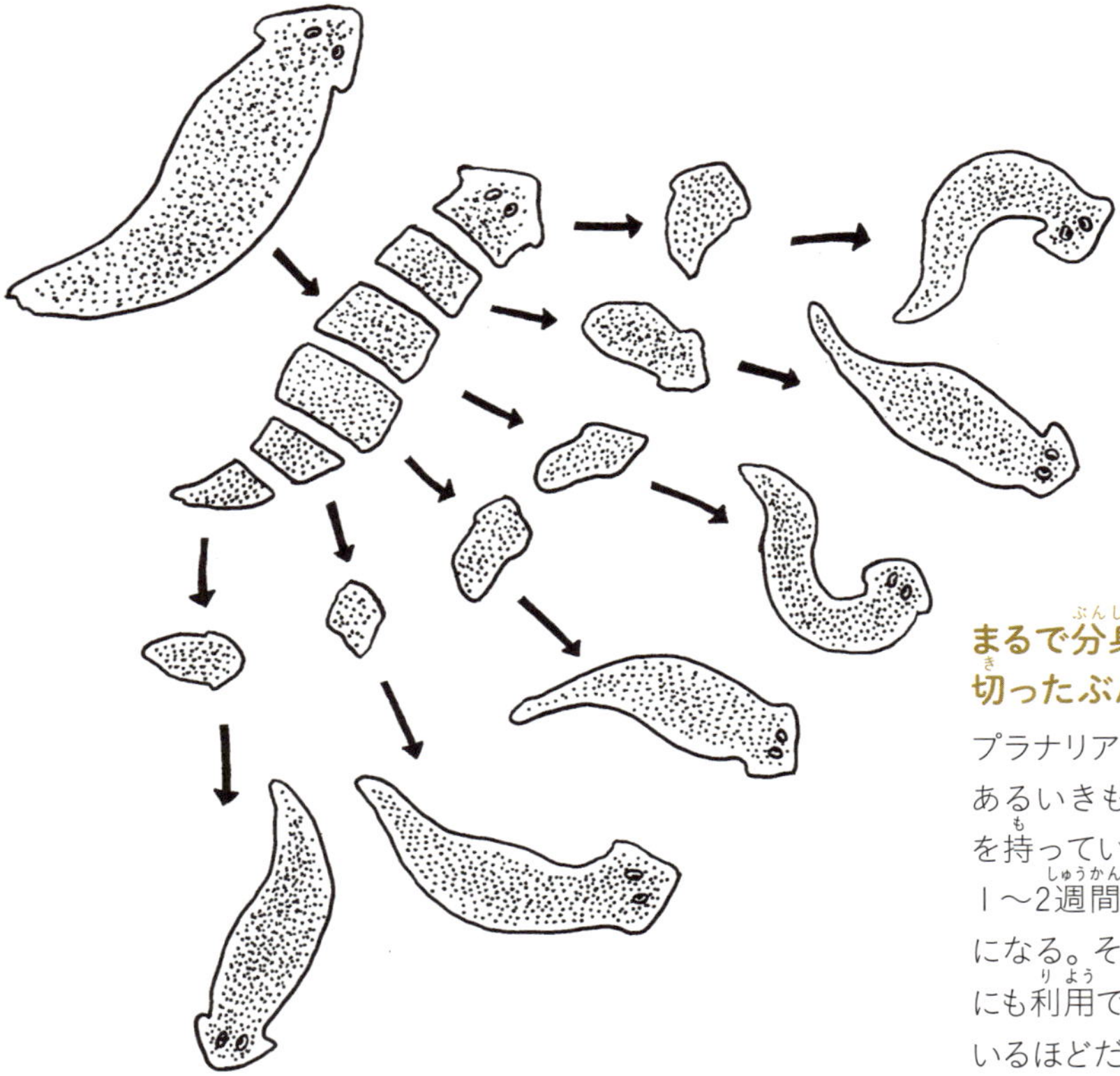

まるで分身《ぶんしん》の術《じゅつ》！
切《き》ったぶんだけ増《ふ》える

プラナリアは、筋肉《きんにく》や消化器《しょうかき》、脳《のう》まであるいきもの。ものすごい再生能力《さいせいのうりょく》を持《も》っていて、からだを10個《こ》に切《き》ると、1〜2週間《しゅうかん》くらいで10匹《ぴき》のプラナリアになる。その再生能力《さいせいのうりょく》の高《たか》さを人間《にんげん》にも利用《りよう》できないか、学者《がくしゃ》が研究《けんきゅう》しているほどだ。

しっぽが切《き》れてもまた生《は》えてくる?

人間《にんげん》のからだは、すり傷《きず》くらいの小《ちい》さなけがなら数日《すうじつ》で治《なお》す力《ちから》がある。

ところが、とても大《おお》きなけがをしてしまったら、もとどおりに治《なお》るのはむずかしい。足《あし》がなくなってしまったら、あたらしい足《あし》が生《は》えてくることはない。失《うしな》われたものを再生《さいせい》する力《ちから》には、限界《げんかい》があるのだ。

それは、いきものたちも同《おな》じ。お医者《いしゃ》さんがいない自然界《しぜんかい》では、大《おお》きなけがをすると、命《いのち》を失《うしな》うことのほうが多《おお》いかもしれない。

でも、なかには人間《にんげん》では考《かんが》えられないほどの再生能力《さいせいのうりょく》を持《も》ついきものもいる。
たとえばトカゲは、敵《てき》におそわれたとき、身《み》を守《まも》るためにしっぽを切《き》って、にげる時間《じかん》をかせぐ。切《き》ったところからは血《ち》が出《で》ることもなく、しばらくすると、あたらしいしっぽが生《は》えてくるのだ。

アカハライモリ

手《て》や足《あし》、目《め》、心《しん》ぞうなど、何度《なんど》でも再生《さいせい》できる

トカゲ以上《いじょう》の再生能力《さいせいのうりょく》を持《も》つイモリ。しっぽだけでなく、手《て》や足《あし》、心《しん》ぞうなど、からだのあらゆるところを再生《さいせい》できる。何度《なんど》でも再生《さいせい》でき、目《め》のレンズを18回《かい》も再生《さいせい》したという報告《ほうこく》もある。

プラナリアを切《き》ってみよう

プラナリアは、川《かわ》や池《いけ》など、水《みず》の多《おお》いところに住《す》んでいる。日本《にほん》でも川《かわ》の上流《じょうりゅう》（水《みず》のきれいなところ）で、石《いし》や落《お》ち葉《ば》をひっくり返《かえ》すと見《み》つけることができる。

プラナリアを切《き》る前《まえ》は、10日《とおか》ほどエサを与《あた》えないようにする。切《き》ったときに出《で》る液《えき》で、からだが溶《と》けてしまうためだ。カッターナイフやカミソリの刃《は》などで切《き》ったプラナリアを水《みず》に戻《もど》して、再生《さいせい》するか1～2週間《しゅうかん》ほど様子《ようす》を見《み》よう。

自然《しぜん》のぬりぐすり

どうやってバイキンから身《み》を守《まも》る?

転《ころ》んですり傷《きず》ができたとき、みんなならどうするかな?

小《ちい》さな傷《きず》だったら、そのまま放《ほう》っておくかもしれないね。でも、血《ち》が出《で》たりしたら、水《みず》できれいにしてから、消毒液《しょうどくえき》をぬったり、ばんそうこうをはったりするんじゃないかな。その目的《もくてき》は、傷口《きずぐち》からわるい菌《きん》が入《はい》ってこないようにするためだ。

いきものたちも同《おな》じ。傷《きず》を放《ほう》っておくと、生死《せいし》にかかわることもあるのだ。そのため、自然《しぜん》にあるものを使《つか》って、なるべく菌《きん》が増《ふ》えないように工夫《くふう》している。

たとえば、傷口《きずぐち》につばをぬる。つばには、菌《きん》がからだに侵入《しんにゅう》するのを

チンパンジー

届《とど》かない傷口《きずぐち》には指《ゆび》につばをつけてぬる

イヌやネコ、サルなど、多《おお》くのいきものは傷口《きずぐち》をなめる。チンパンジーも同《おな》じで、さらに舌《した》が届《とど》かないところは、自分《じぶん》の指《ゆび》や葉《は》につばをつけてぬったりもする。

キツネザル

ばんそうこうのように葉《は》っぱを傷《きず》にはる

くすりと同《おな》じ効果《こうか》がある葉《は》を傷口《きずぐち》にはって、痛《いた》みをやわらげたり、わるい菌《きん》が入《はい》ってくるのを防《ふせ》ぐ。キツネザルだけでなく、ほかのサルの仲間《なかま》やチンパンジーの仲間《なかま》も同《おな》じような行動《こうどう》をする。

防《ふせ》ぐはたらきをする抗菌物質《こうきんぶっしつ》が含《ふく》まれているから。

また、抗菌物質《こうきんぶっしつ》が含《ふく》まれている植《しょく》物《ぶつ》の葉《は》っぱや実《み》などを、傷口《きずぐち》にぬるいきものもいる。

レモンの皮《かわ》をぬる

オマキザル

実《み》を食《た》べずにからだにぬる

オマキザルは、割《わ》った果実《かじつ》をからだにこすりつける。レモンなどのかんきつ類《るい》の果実《かじつ》には、痛《いた》みをやわらげたり、かゆみをおさえたり、虫《むし》や菌《きん》を殺《ころ》したりする効果《こうか》があるためだ。

ハナジロハナグマ

かゆみをおさえる木《き》の液《えき》

ハナジロハナグマは、カンラン科《か》の木《き》の根元《ねもと》をけずって出《で》てきた液《えき》を、からだ中《じゅう》にぬる。からだについた虫《むし》をとりのぞいたり、からだのかゆみをおさえたりするのが目的《もくてき》だ。

樹液《じゅえき》をぬる

カに刺《さ》されたらアロエをぬってみよう

植物《しょくぶつ》には、くすりと同《おな》じような効果《こうか》が期待《きたい》できるものがある。昔《むかし》の人《ひと》は、そんな植物《しょくぶつ》の力《ちから》を、生活《せいかつ》のなかでうまく利用《りよう》してきた。

アロエもそのひとつ。痛《いた》みやはれをおさえるはたらきがあるので、軽《かる》いすり傷《きず》ややけど、虫刺《むしさ》されなどに使《つか》われてきた。

カに刺《さ》されたら、アロエの葉《は》を折《お》って出《で》てきたゼリー状《じょう》の液《えき》をぬってみよう。ひんやりして気持《きも》ちがいいし、かゆみもおさまるよ。

助《たす》け合《あ》って生《い》きる

コビトマングース

自分《じぶん》のことよりもけがをした仲間《なかま》のために

けがをしたコビトマングースを仲間《なかま》がなめたり、食《た》べものを与《あた》えたりする。自分《じぶん》が食《た》べる量《りょう》を減《へ》らしてでも、けがをした仲間《なかま》のために食《た》べものをはこんでくるのだ。

やさしく看病《かんびょう》するいきものたちもいる

けがや病気《びょうき》に負《ま》けないためには、自《じ》分《ぶん》のからだは自分《じぶん》で守《まも》る。

でも、そんなときに家族《かぞく》や友《とも》だちがそばにいてくれたら、すごく心強《こころづよ》い。やさしく看病《かんびょう》されたら、うれしくなる。

じつは、人間《にんげん》のように仲間《なかま》を看病《かんびょう》するいきものもいる。

たとえばゾウは、刺《さ》さったやりや弓《ゆみ》を抜《ぬ》いてあげたり、起《お》き上《あ》がるのを手《て》伝《つだ》ったりなど、仲間《なかま》のゾウを助《たす》けることがある。

また、ちがう種類《しゅるい》のいきもの同士《どうし》で、まるで助《たす》け合《あ》っているように見《み》えるいきものもいる。

たとえば、海《うみ》のいきものたちは、けがをしたら、ホンソメワケベラのところに行《い》き、けがをしたところをきれいにしてもらう。

友《とも》だちがけがをしたら……

みんなは、友《とも》だちがけがをしたり、かぜをひいたりしたら、やさしくできるだろうか？　コビトマングースのように、友《とも》だちのためにできることがないだろうか？

いっしょに保健室《ほけんしつ》に行《い》ったり、だれかを呼《よ》びに行《い》ったりもできるね。痛《いた》いところに手《て》を当《あ》ててあげるだけでも、少《すこ》しは痛《いた》みがやわらぐかもしれない。「手当《てあ》て」という言葉《ことば》は、そこから生《う》まれた。

また、そばで寄《よ》りそったり、「大丈夫《だいじょうぶ》？」と声《こえ》をかけるだけでも、きっと友《とも》だちはうれしいはず。ちょっとしたことが看病《かんびょう》になるのだ。

けがをした部分《ぶぶん》をきれいにそうじ

けがしたところに寄生虫《きせいちゅう》がいると、からだがくさって治《なお》りにくくなる。寄生虫《きせいちゅう》やくさった部分《ぶぶん》を食《た》べてくれるのが、ホンソメワケベラという魚《さかな》だ。ウツボをはじめ、マンタやマンボウなど、多《おお》くのいきものが世話《せわ》になっている。

ウツボ

ホンソメワケベラ

5 仲間《なかま》

みんなでどうくらす？

家族《かぞく》や友《とも》だち、好《す》きなだれかといっしょに
ごはんを食《た》べたり、遊《あそ》んだりするとたのしい。
家族《かぞく》がいる、友《とも》だちがいる。
それだけで、毎日《まいにち》がたのしくなる。

いきものも、ひとりきりではなく、
だれかといっしょにくらすことが多《おお》い。
大《おお》きな群《む》れをつくったり、家族《かぞく》で行動《こうどう》をしたり……。
彼《かれ》らにとって、家族《かぞく》や仲間《なかま》は
どんな存在《そんざい》なんだろう？
なにをどんなふうに、やりとりしているんだろう？

どうして群《む》れでくらすの?

みんなでくらすほうが生《い》きのびやすい

もしもひとりでくらすことになったら……。どうやってごはんを食《た》べるか心配《しんぱい》になる? なによりも、さびしくて心細《こころぼそ》くなるかもしれないね。

いきものたちが、さびしい気持《きも》ちになるかどうかはわからない。でも、家《か》族《ぞく》や仲間《なかま》とともに群《む》れをつくってくらすものたちは多《おお》い。

みんなで行動《こうどう》すると、敵《てき》を発見《はっけん》しやすいし、自分《じぶん》がねらわれにくくなる。産《う》

バイソン

円《えん》じんを組《く》んで敵《てき》をやっつけろ!

バイソンは、オオカミやピューマがやってくると、子《こ》どもを内側《うちがわ》に囲《かこ》んで、円《えん》じんを組《く》んで守《まも》る。大人《おとな》たちは敵《てき》と向《む》かい合《あ》い、角《つの》で突《つ》き上《あ》げて追《お》い払《はら》う。

まれたばかりの弱《よわ》い子《こ》どもを、みんなで守《まも》ることもできる。逆《ぎゃく》に、えものをつかまえるときは、みんなで協力《きょうりょく》することができる。

群《む》れでくらすことは、いいことばかりではない。食《た》べるものを分《わ》け合《あ》わないといけないので、自分《じぶん》が食《た》べる量《りょう》が減《へ》ってしまうし、病気《びょうき》が群《む》れに広《ひろ》がってしまうこともある。

それでも弱《よわ》いいきものは、群《む》れで協《きょう》力《りょく》してくらすほうが、生《い》きのびやすい。

イワシ

**目立《めだ》つけれど
じつは生《い》きのびやすい**

イワシは、マグロやカツオ、サメなどから身《み》を守《まも》るために大《おお》きな群《む》れをつくる。逃《に》げるときは、いっせいに同《おな》じ方向《ほうこう》に泳《およ》ぐ。仲間《なかま》とはぐれると食《た》べられてしまうからだ。

ガーターヘビ

寒《さむ》い冬《ふゆ》は仲間《なかま》とからみ合《あ》って寝《ね》る

カナダに住《す》むガーターヘビは、寒《さむ》い冬《ふゆ》を岩《いわ》の間《あいだ》で冬眠《とうみん》してすごす。あまりに寒《さむ》いと死《し》んでしまうため、みんなでくっついて寒《さむ》さをしのぐ。多《おお》いときには1万匹《まんびき》もいっしょにいることもある。

くっついて寝《ね》てみよう

寒《さむ》い地域《ちいき》のなかには、みんなでくっついて寝《ね》る習慣《しゅうかん》があるところもある。ふとんのなかではだかになって、くっついて眠《ねむ》る人《ひと》たちもいるそうだ。

寒《さむ》い冬《ふゆ》に、ガーターヘビのようにだれかとくっついて寝《ね》てみよう。ひとりで寝《ね》るときに比《くら》べて、暖《あたた》かく感《かん》じるかな？　気《き》持《も》ちも温《あたた》かくなるだろうか？

いきものにも係《かかり》がある

役割《やくわり》を分担《ぶんたん》してみんなで生《い》きていく

みんなでくらしていくためには、おたがいに協力《きょうりょく》し合《あ》うことも必要《ひつよう》だ。たとえば学校《がっこう》でも、給食当番《きゅうしょくとうばん》やいきもの係《がかり》などの係《かかり》があるし、そうじもみんなで分担《ぶんたん》して行《おこな》う。それぞれが自分《じぶん》の役割《やくわり》をはたすことで、みんなが気持《きも》ちよくくらすことができるのだ。

いきものにも、役割分担《やくわりぶんたん》してくらしているものがいる。たとえば夫婦《ふうふ》でくらす鳥《とり》は、オスが食《た》べものをとってきて、メスが子育《こそだ》てをする。逆《ぎゃく》の役割《やくわり》をする鳥《とり》や、役割《やくわり》を交代《こうたい》する鳥《とり》もいる。

とくに役割《やくわり》がはっきりしているのが、アリやハチだ。「働《はたら》きアリ」は、

ハダカデバネズミ

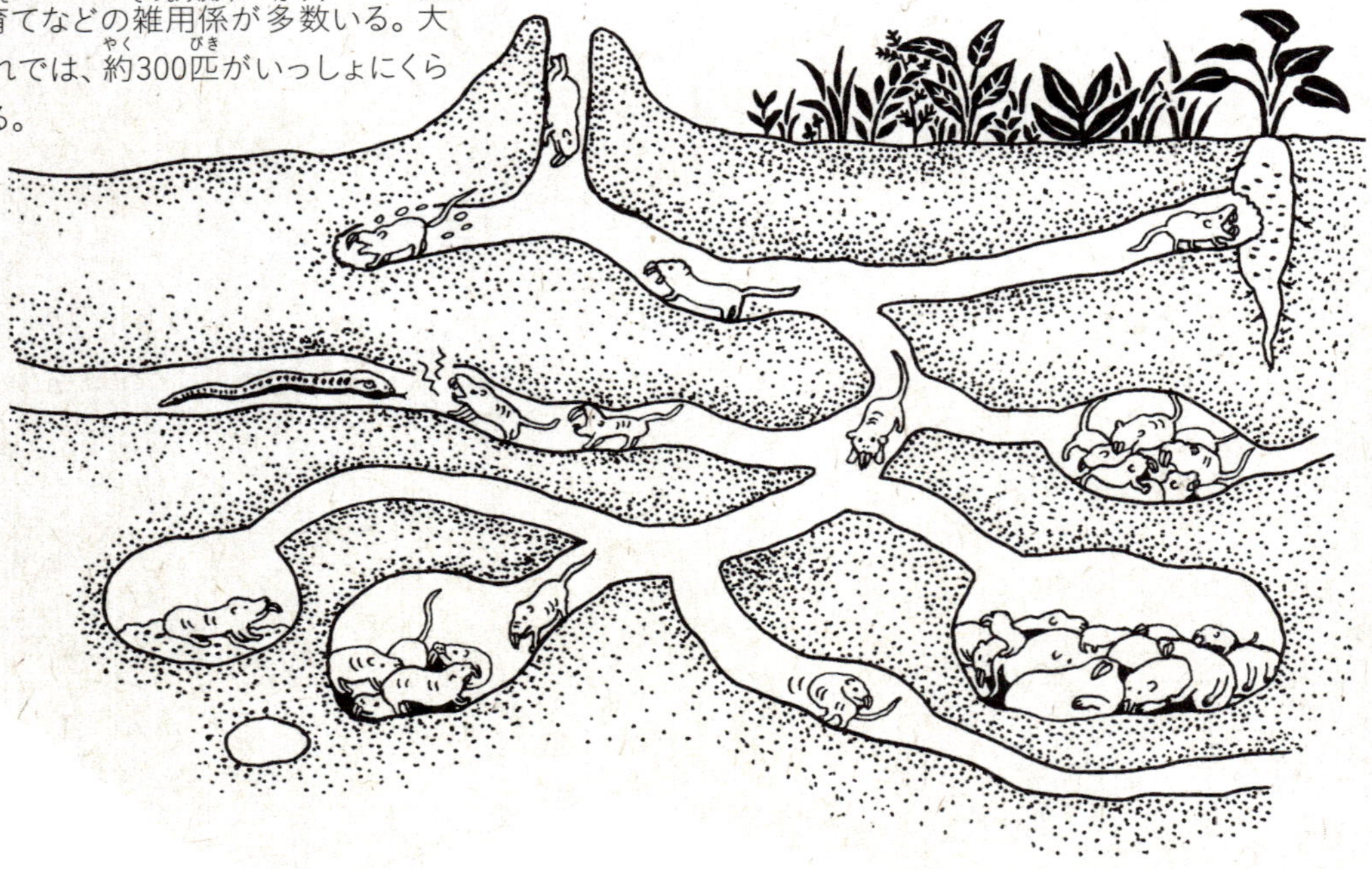

みんなで子育《こそだ》てをする

子《こ》どもを産《う》む1匹《ぴき》のメスと、その夫《おっと》にあたる数匹《すうひき》のオスが群《む》れの中心《ちゅうしん》。そのほかに、食料集《しょくりょうあつ》め、トンネル掘《ほ》り、部屋《へや》のそうじ、子育《こそだ》てなどの雑用係《ざつようがかり》が多数《たすう》いる。大《おお》きな群《む》れでは、約《やく》300匹《びき》がいっしょにくらしている。

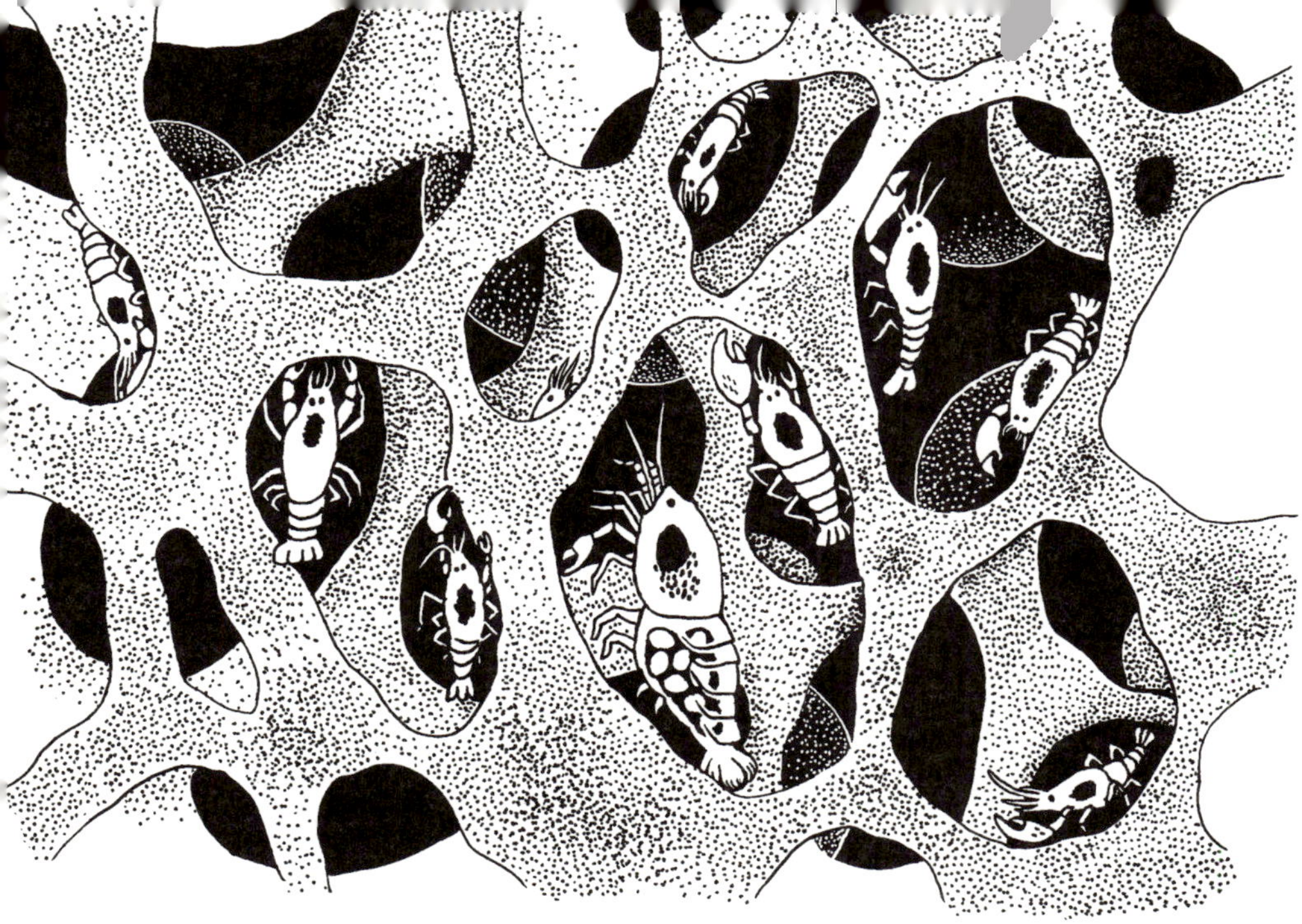

テッポウエビ

女王《じょおう》エビや兵隊《へいたい》エビがいる

まるでハチやアリのように役割《やくわり》がはっきりしている、めずらしいエビ。子《こ》どもを産《う》む「女王《じょおう》エビ」、食《た》べものを運《はこ》ぶ「働《はたら》きエビ」、そして敵《てき》から守《まも》る「兵隊《へいたい》エビ」がひとつの巣《す》でくらしている。

食《た》べものを運《はこ》ぶ係《かかり》、敵《てき》とたたかう係《かかり》、卵《たまご》や赤《あか》ちゃんの世《せ》話《わ》をする係《かかり》などに分《わ》かれ、子《こ》どもを産《う》む「女王《じょおう》アリ」のために働《はたら》いている。

アリやハチほど、集団《しゅうだん》のなかではっきりとした役割《やくわり》を持《も》ついきものはめずらしい。ほかにも、役割分担《やくわりぶんたん》しながらくらすいきものを紹介《しょうかい》しよう。

ヒト

人間《にんげん》ほど、役割《やくわり》を分担《ぶんたん》するいきものはいない

多《おお》くの人《ひと》がくらす人間《にんげん》の社会《しゃかい》では、それぞれがいろんな役割《やくわり》を持《も》っている。たとえば、わたしたちがごはんを食《た》べられるのは、生産《せいさん》する人《ひと》、加工《かこう》する人《ひと》、運《はこ》ぶ人《ひと》、販売《はんばい》する人《ひと》、料理《りょうり》する人《ひと》などがいるおかげだ。

ほかのいきものとくらす

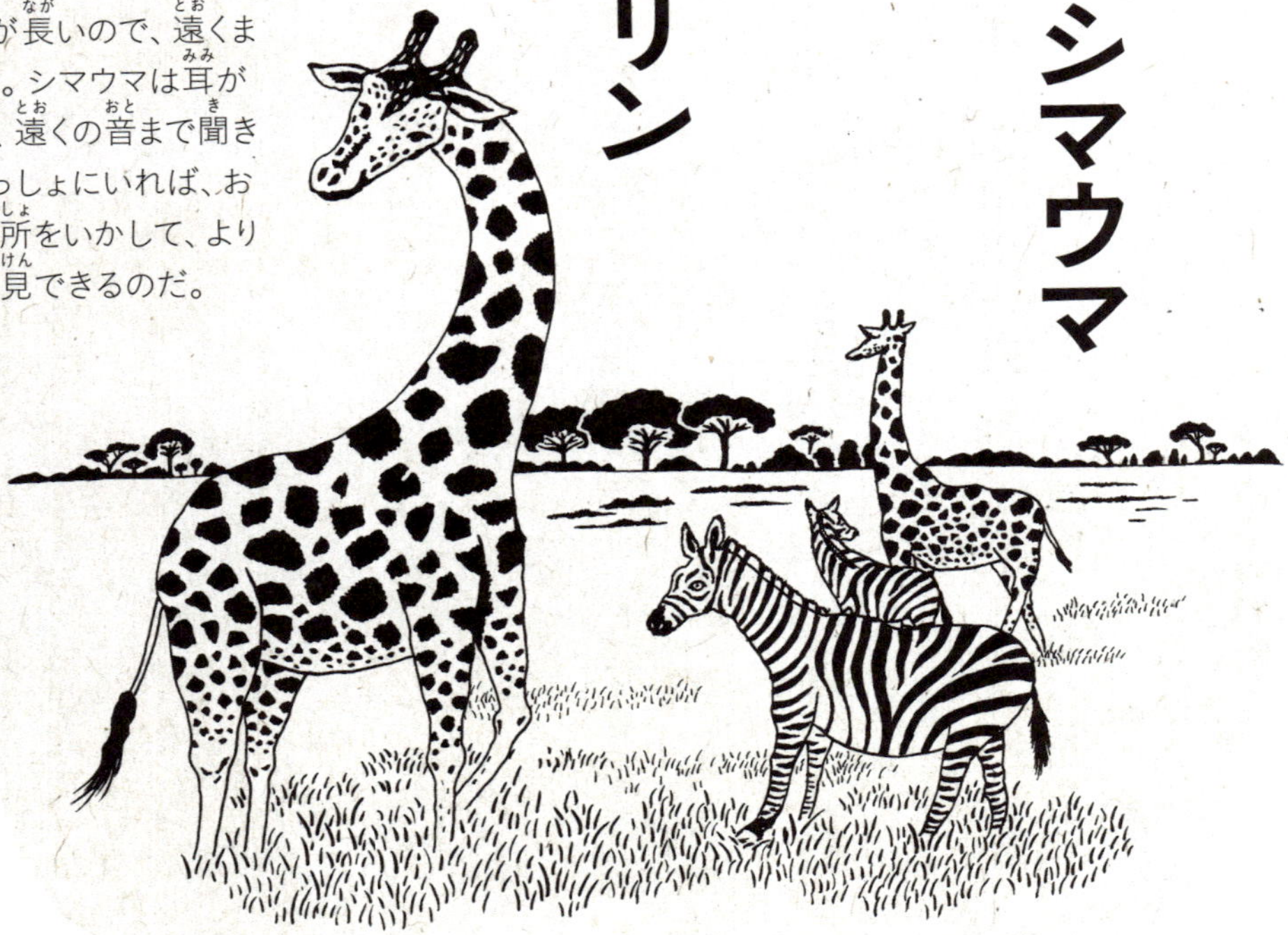

いっしょにいることですばやく敵《てき》を発見《はっけん》できる

キリンは首《くび》が長《なが》いので、遠《とお》くまで見渡《みわた》せる。シマウマは耳《みみ》が大《おお》きいので、遠《とお》くの音《おと》まで聞《き》きとれる。いっしょにいれば、おたがいの長所《ちょうしょ》をいかして、より早《はや》く敵《てき》を発見《はっけん》できるのだ。

おたがいの力《ちから》を利用《りよう》して生《い》きている

ちがう種類《しゅるい》のいきもの同士《どうし》が、協《きょう》力《りょく》し合《あ》いながら生活《せいかつ》することもある。それが共生《きょうせい》だ。

たとえば、ウシツツキという鳥《とり》は、カバやシカ、キリンなどの草食動物《そうしょくどうぶつ》と生活《せいかつ》をともにし、からだについたダニなどの寄生虫《きせいちゅう》を食《た》べてあげる。

ウシツツキは食《た》べものを得《え》られるし、草食動物《そうしょくどうぶつ》たちはからだをきれいにしてもらえる。いっしょにくらすことで、おたがいにとってよいことがあるのだ。

わたしたち人間《にんげん》はどうだろう？ いきものと協力《きょうりょく》し合《あ》って、生《い》きているだろうか？

どんないきものとくらしたい？

鵜飼《うか》いのほかにも、人間《にんげん》がいきものと協力《きょうりょく》し合《あ》っている例《れい》がある。

たとえば羊飼《ひつじか》いは、牧羊犬《ぼくようけん》という犬《いぬ》とくらしている。牧羊犬《ぼくようけん》はヒツジの群《む》れを見張《みは》り、オオカミなどを追《お》い払《はら》ってくれるのだ。

また、鷹匠《たかじょう》と呼《よ》ばれる人《ひと》は、すぐれた狩《か》りの能力《のうりょく》を持《も》つタカを利用《りよう》して、鳥《とり》やウサギなどのえものをとる。

人間《にんげん》にはできないことも、いきものたちの力《ちから》を借《か》りれば可能《かのう》になることがある。みんなは、どんないきものとくらして、どんなことをしてみたいだろうか？　自由《じゆう》に想像《そうぞう》してみよう。

食《た》べものをもらって敵《てき》から守《まも》る

アリマキとも呼《よ》ばれるアブラムシは、植物《しょくぶつ》の汁《しる》を吸《す》って生《い》きている。アリはアリマキが出《だ》すみつが大好物《だいこうぶつ》。そのため、アリマキの天敵《てんてき》であるテントウムシを追《お》い払《はら》ってアリマキを守《まも》る。

鳥《とり》の特性《とくせい》を利用《りよう》した鵜飼《うか》い

ウという鳥《とり》は、アユなどの魚《さかな》を丸《まる》のみにする。このウの特技《とくぎ》を利用《りよう》した、鵜飼《うか》いという魚《さかな》をとる方法《ほうほう》が昔《むかし》から行《おこな》われている。ウののどに適度《てきど》な強《つよ》さでひもを結《むす》び、完全《かんぜん》に丸《まる》のみさせずに、魚《さかな》を吐《は》き出《だ》させるのだ。

鳴《な》き声《ごえ》で会《かい》話《わ》する

ーン

キューン

カァ

オオカミ

仲間《なかま》を呼《よ》ぶために鳴《な》く

遠《とお》ぼえをするオオカミ。群《む》れからはなれた仲間《なかま》たちを呼《よ》び戻《もど》すために遠《とお》ぼえをすると言《い》われている。オオカミによって、鳴《な》き声《ごえ》がちがうようだ。

カラス

鳴《な》き方《かた》にも意味《いみ》がある

とても頭《あたま》がいいカラス。「カァー」と1回《かい》だけ鳴《な》くのはあいさつ、3回《かい》鳴《な》くのは自分《じぶん》のいる場所《ばしょ》を伝《つた》えるとき。「ガァー」という鳴《な》き声《ごえ》は、敵《てき》を追《お》い払《はら》う声《こえ》らしい。

インドリ

大《おお》きな声《こえ》で大合唱《だいがっしょう》!

サルの仲間《なかま》インドリは、木《き》のてっぺんにのぼって遠《とお》くまで届《とど》く大《おお》きな声《こえ》で鳴《な》く。なわばりや群《む》れの存在《そんざい》をアピールしているのだ。3分以上《ぶんいじょう》も鳴《な》くものもいると言《い》う。

ワオ

いきものが鳴《な》くのには理由《りゆう》がある

仲間《なかま》といっしょにくらすためには、会話《かいわ》が必要《ひつよう》だ。人間《にんげん》は、言葉《ことば》や文字《もじ》を使《つか》うけど、いきものたちは、どうやって会話《かいわ》をしているのだろう？　人間《にんげん》に似《に》ているのが、鳴《な》き声《ごえ》でやりとりをするいきものたちだ。

ちょっとした鳴《な》き声《ごえ》のちがいで、仲間《なかま》とあいさつをしたり、食《た》べものがある場所《ばしょ》や危険《きけん》を伝《つた》え合《あ》ったり、敵《てき》を追《お》い払《はら》ったりする。また、恋《こい》の相手《あいて》を見《み》つけるために、美《うつく》しい鳴《な》き声《ごえ》をひびかせることもある。

チョット
なりきってみよう

「カァー」と鳴《な》きながら遊《あそ》ぼう

かんたんな言葉《ことば》だけの会話《かいわ》はつまらないだろうか？逆《ぎゃく》に少《すく》ない言葉《ことば》のほうがおもしろいかもしれない。

そこでカラスになりきって、「カァー」という言葉《ことば》だけでいろんな遊《あそ》びをしてみよう。遊《あそ》びながら、言《い》いたいことがどこまで伝《つた》わるかためしてみるのだ。

たとえば、「カァー」しか言《い》ってはいけないというルールで、おにごっこやかくれんぼをしてみる。ほかには、「カァー」だけでドッジボールやサッカーをしてもいいね。

カァー？
カァー
カァー

5
みんなでどうくらす?
仲間《なかま》

においで会話《かいわ》する

においをたよりにくらす世界《せかい》

人間《にんげん》の鼻《はな》は、ほかのいきものに比《くら》べると、敏感《びんかん》ではない。イヌは、人間《にんげん》より100万倍以上《まんばいいじょう》も鼻《はな》がいいと言《い》われ、においからたくさんの情報《じょうほう》を得《え》ている。

自分《じぶん》が歩《ある》いている道《みち》をどんないきものが通《とお》ったのか、どの方向《ほうこう》に好《す》きな食《た》べものがあるか。目《め》で見《み》るよりもずっと多《おお》くの情報《じょうほう》が、においには含《ふく》まれているのだ。

いきものは、においのなかの情報《じょうほう》をうまく使《つか》って、いろんな会話《かいわ》している。

イヌ

においをかぎ合《あ》って あいさつをする

おしりのにおいをかぎ合《あ》うのは、イヌにとってのあいさつ。自分《じぶん》のなわばりを主張《しゅちょう》するために、おしっこでにおいをつけたりもする。マーキングだ。おしっこのにおいからは、そのイヌが健康《けんこう》かなど、からだの状態《じょうたい》や年齢《ねんれい》、性別《せいべつ》までわかると言《い》われている。

いろんなにおいを かいでみよう

おいしい料理《りょうり》は、おいしそうなにおいがするし、腐《くさ》ってしまった食《た》べものは、すっぱいにおいがする。天気《てんき》のいい日《ひ》の太陽《たいよう》のにおいや、雨《あめ》の日《ひ》のにおいもあるね。

どんなものにも、においがあるのだろうか。たとえば、教科書《きょうかしょ》や本《ほん》は、どんなにおいがするかな？　また公園《こうえん》で、木《き》の幹《みき》や地面《じめん》に鼻《はな》を近《ちか》づけて、においをかいでみよう。葉《は》っぱをそのままかいだときと、指先《ゆびさき》ですりつぶしたときのにおいは、どうちがうだろうか？

身近《みぢか》なものに、どんなにおいがあるか、いろいろためしてみよう。

アリ

いろんなにおいで 仲間《なかま》に情報《じょうほう》を伝《つた》える

アリはにおいをかいで、仲間《なかま》かどうかを判断《はんだん》している。行列《ぎょうれつ》をつくって歩《ある》けるのも、おなかの先《さき》から出《で》るにおいを道《みち》しるべにできるからだ。また、あごから出《だ》すにおいで、敵《てき》の存在《そんざい》を仲間《なかま》に知《し》らせてもいる。

キリン

首《くび》で会話《かいわ》する

キリンの長《なが》い首《くび》は、仲間《なかま》との会話《かいわ》にも使《つか》われる。首《くび》をすり合《あ》わせて愛情《あいじょう》を表現《ひょうげん》したり、首《くび》をぶつけ合《あ》ってたたかったりする。

いろんな方法《ほうほう》で会話《かいわ》する

コミュニケーションにはたくさんの方法《ほうほう》がある

わたしたちは、言葉《ことば》や文字《もじ》だけでなく、身《み》ぶり手《て》ぶりや顔《かお》の表情《ひょうじょう》など、いろんな方法《ほうほう》でコミュニケーションをする。同《おな》じ言《こと》葉《ば》でも、表情《ひょうじょう》が暗《くら》いか明《あか》るいかによって、伝《つた》わる内容《ないよう》が変《か》わることもあるのだ。

いきものたちも、いろんな方《ほう》法《ほう》で会話《かいわ》をしている。たとえばコウモリは、人間《にんげん》には聞《き》きとれない超音波《ちょうおんぱ》で仲間《なかま》とコミュニケーションをとっている。

そのほかにも、音《おと》やからだの色《いろ》などを使《つか》って、ちょっと変《か》わった会話《かいわ》をしているいきものたちもいる。

チンパンジー

豊《ゆた》かな表情《ひょうじょう》で会話《かいわ》する

チンパンジーは表情《ひょうじょう》が豊《ゆた》かだ。相手《あいて》の表情《ひょうじょう》から、怒《おこ》っているのか喜《よろこ》んでいるのか、感情《かんじょう》を読《よ》みとる。人間《にんげん》とも会話《かいわ》ができるかもしれない。

からだの色《いろ》で会話《かいわ》する

カリブ海《かい》に住《す》むアオリイカは、全《ぜん》身《しん》で、仲間《なかま》にメッセージを伝《つた》える。皮《ひ》ふの色《いろ》を変《か》えたり、光《ひか》らせたりして、敵《てき》が来《き》たことや、オスからメスへの愛情《あいじょう》などを示《しめ》す。

アオリイカ

コウノトリ

クチバシの音《おと》で会話《かいわ》する

大人《おとな》のコウノトリは、鳥《とり》なのに鳴《な》くことができない。そのかわり、クチバシでカタカタと音《おと》を立《た》てる。専門用語《せんもんようご》でクラッタリングと言《い》う。求愛《きゅうあい》するときや、敵《てき》を追《お》い払《はら》うときは、クラッタリングだ。

「あ」だけで会話《かいわ》してみよう

人間《にんげん》は言葉《ことば》を使《つか》って会話《かいわ》をする。「ちゃんと言葉《ことば》で伝《つた》えないと、相手《あいて》にはわからない」とよく言《い》われる。でも、本当《ほんとう》にそうだろうか?

ためしに、友《とも》だちや家族《かぞく》と「あ」だけで会話《かいわ》してみよう。同《おな》じ「あ」でも、いろんな「あ」があるはず。強《つよ》く短《みじか》い「あっ!」とやわらかく長《なが》くのばす「あぁ~」では、まったく意味《いみ》がちがってくるんじゃないかな。

身《み》ぶり手《て》ぶりや顔《かお》の表情《ひょうじょう》をうまく使《つか》うと、いがいと「あ」だけでも会話《かいわ》ができるかもしれないよ。

6 恋《こい》

どうしたらモテるんだろう？

モテるかモテないか――。
それは、いきものにとっても大問題《だいもんだい》だ。
恋《こい》の相手《あいて》は、自分《じぶん》の子《こ》どもを残《のこ》すための相手《あいて》。
モテるために、強《つよ》さや美《うつく》しさをアピールしたり、
歌《うた》やおどりのうまさを見《み》せびらかしたり。

いきものたちは、あの手《て》この手《て》で
相手《あいて》から選《えら》ばれようと必死《ひっし》だ。

選《えら》び、選《えら》ばれるための方法《ほうほう》は、
いきものによってさまざま。
そんないきものたちを見《み》ながら、
人間《にんげん》の恋愛《れんあい》についても考《かんが》えてみよう。

6

恋《こい》

どうしたらモテるんだろう？

オスとメス、選《えら》ぶのはどっち？

好《す》きな人《ひと》を選《えら》び合《あ》う

男性《だんせい》も女性《じょせい》もおしゃれをし、プレゼントを交換《こうかん》し合《あ》う。そして男女《だんじょ》ともに、自由《じゆう》に相手《あいて》を選《えら》べる。

人間《にんげん》は男女《だんじょ》ともに相手《あいて》を選《えら》べる

人間《にんげん》は、どのように恋《こい》の相手《あいて》を見《み》つけているのだろうか？

昔《むかし》の日本《にほん》では、親《おや》が結婚相手《けっこんあいて》を決《き》めることが多《おお》かった。かならずしも、好《す》きな人《ひと》といっしょになれるわけではなかったんだ。

でも、いまの日本《にほん》では自由《じゆう》に恋《こい》ができる。もちろん「男性《だんせい》から」「女性《じょせい》から」といったルールもない。好《す》きになったら、男女《だんじょ》どちらからから思《おも》いを伝《つた》えたっていい。

あたりまえに思《おも》うかもしれないが、じつは、いきものの世界《せかい》では、そのように自由《じゆう》に恋《こい》をするのは、めずらしいことなのだ。

500頭《とう》でお見《み》合《あ》いパーティー

恋《こい》の季節《きせつ》になると、トピは集団《しゅうだん》で相手《あいて》を探《さが》す。中央《ちゅうおう》に集《あつ》まったメスのまわりで、オスたちは頭《あたま》をつき合《あ》わせたり、全力《ぜんりょく》で走《はし》ったりしてアピールする。そんなオスを見《み》て、メスは恋《こい》の相手《あいて》を選《えら》ぶ。

トピ

いきものの世界《せかい》ではメスがオスを選《えら》ぶ

多《おお》くのいきものは、オスがメスに自分《じぶん》のことをアピールする。アピールされたメスが、オスを選《えら》ぶのだ。

基本的《きほんてき》にオスは、自分《じぶん》で子《こ》どもを産《う》めない。そのため、自分《じぶん》の命《いのち》を受《う》けつぐ子《こ》を産《う》んでもらえるよう、メスに選《えら》ばれようと必死《ひっし》だ。

メスは、少《すこ》しでも強《つよ》いオスの子《こ》を産《う》みたい。なぜなら、きびしい自然界《しぜんかい》で、自分《じぶん》の子《こ》どもが生《い》き残《のこ》れる可能性《かのうせい》が高《たか》まるからだ。

オスはどのようにアピールをするのか、メスはなにを見《み》て相手《あいて》を選《えら》んでいるのか、次《つぎ》のページからくわしく見《み》ていこう。

6

恋《こい》 どうしたらモテるんだろう？

強《つよ》さをアピールする

命《いのち》を落《お》とさないように オス同士《どうし》でたたかう

敵《てき》を追《お》い払《はら》ったり、えものをつかまえたりする力《ちから》が強《つよ》いほど、生《い》き残《のこ》りやすい。だから、同《おな》じいきもののなかでも、オス同士《どうし》のたたかいに勝《か》ち残《のこ》る強《つよ》いオスが、メスにモテる。ただ、オス同士《どうし》でたたかうのは危《き》険《けん》だ。ときには大《おお》けがをすることも

ヘラジカ

角《つの》が大《おお》きいほどモテる

オスの角《つの》は、毎年春《まいとしはる》に抜《ぬ》け落《お》ちて、恋《こい》の季節《きせつ》・秋《あき》に向《む》けてふたたび成《せい》長《ちょう》する。角《つの》の大《おお》きさは栄養《えいよう》を多《おお》くとった証拠《しょうこ》で、より大《おお》きな角《つの》を持《も》つオスがモテる。角《つの》が同《おな》じ大《おお》きさなら、角《つの》を突《つ》き合《あ》って力《ちから》を比《くら》べる。

あるし、命《いのち》を失《うしな》うこともある。そこで、命《いのち》をうばい合《あ》わないような方法《ほうほう》で、強《つよ》さを競《きそ》い合《あ》っているいきものも多《おお》い。

たとえばトナカイやシカは、すもうのように角《つの》を押《お》し合《あ》って力比《ちからくら》べをする。ライオンも、たてがみの濃《こ》さと長《なが》さで強《つよ》さを比《くら》べている。

「強《つよ》さ」ってなんだろう？

人間《にんげん》の場合《ばあい》、「強《つよ》さ」と言《い》っても、ただ「力《ちから》が強《つよ》い」だけではない。他人《たにん》にやさしくできたり、いろんな人の考《かんが》え方《かた》を認《みと》めたり、素直《すなお》にあやまったりできることも、「強《つよ》さ」のひとつかもしれないね。

ほかに、どんな「強《つよ》さ」があるだろう？みんなも、ちょっと考《かんが》えてみよう。

クロサバクヒタキ

石《いし》を高《たか》くつみ上《あ》げて体力《たいりょく》をアピール

クロサバクヒタキのオスは、小石《こいし》をはこんで山《やま》のようにつみ上《あ》げ、メスにアピールする。これは、砂漠《さばく》というきびしい場所《ばしょ》でも食《た》べものを集《あつ》める強《つよ》さを示《しめ》すため。ちなみに石《いし》の山《やま》は巣《す》ではない。

カバ

口《くち》の大《おお》きさをアピール

カバは口《くち》を大《おお》きく開《あ》けて、ライオンなどの天敵《てんてき》を追《お》い払《はら》う。そのため、より大《おお》きな口《くち》を持《も》つオスのほうがモテる。オス同士《どうし》で争《あらそ》うときも、口《くち》を開《あ》けて大《おお》きさを競《きそ》い合《あ》う。

6

恋《こい》 どうしたらモテるんだろう？

美《うつく》しさでアピールする

オスがおしゃれをする理由《りゆう》

鳥《とり》は、メスよりもオスのほうが華《はな》やかな羽《はね》を持《も》つことが多《おお》い。メスが地味《じみ》な色《いろ》をしているのは、天敵《てんてき》にねらわれないようにするためだ。

では、なぜオスは敵《てき》に見《み》つかりやすいという危険《きけん》をおかしても、美《うつく》しい羽《はね》を持《も》つのだろう？

それは「こんなに目立《めだ》っているのに、生《い》き残《のこ》れるほど強《つよ》くて健康《けんこう》ですよ」とメスへアピールするためだ。

魚類《ぎょるい》や両生類《りょうせいるい》、は虫類《ちゅうるい》にも、繁殖《はんしょく》の時《じ》期《き》にあざやかな色《いろ》に変《か》わるオスがいる。

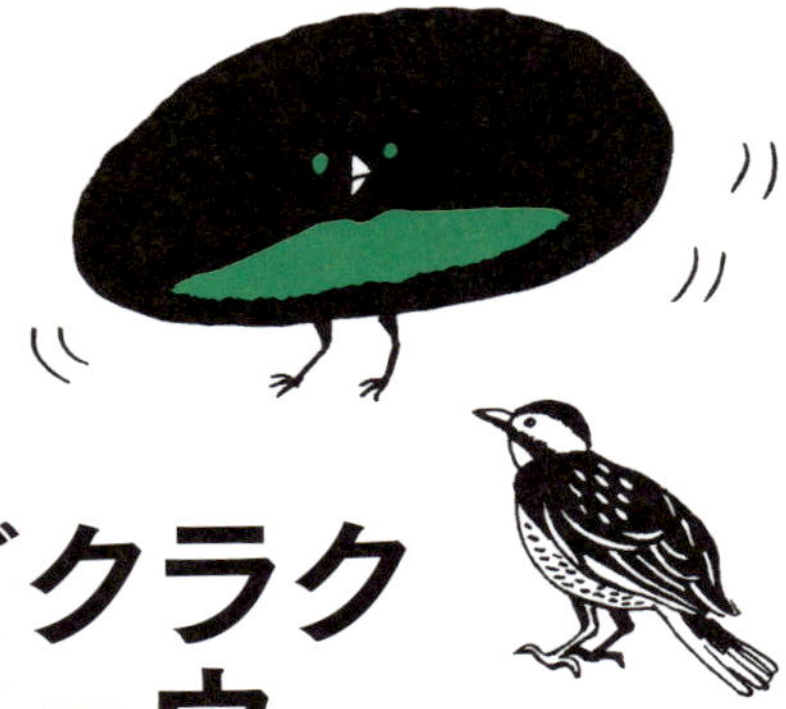

ゴクラクチョウ

美《うつく》しい水色《みずいろ》でメスにアタック！

ゴクラクチョウとして知《し》られるフウチョウのオスは、美《うつく》しい羽《はね》や長《なが》い尾《お》を持《も》つ。カタカケフウチョウのオスは、羽《はね》を広《ひろ》げると、あざやかな水色《みずいろ》のもようが顔《かお》のように見《み》える。

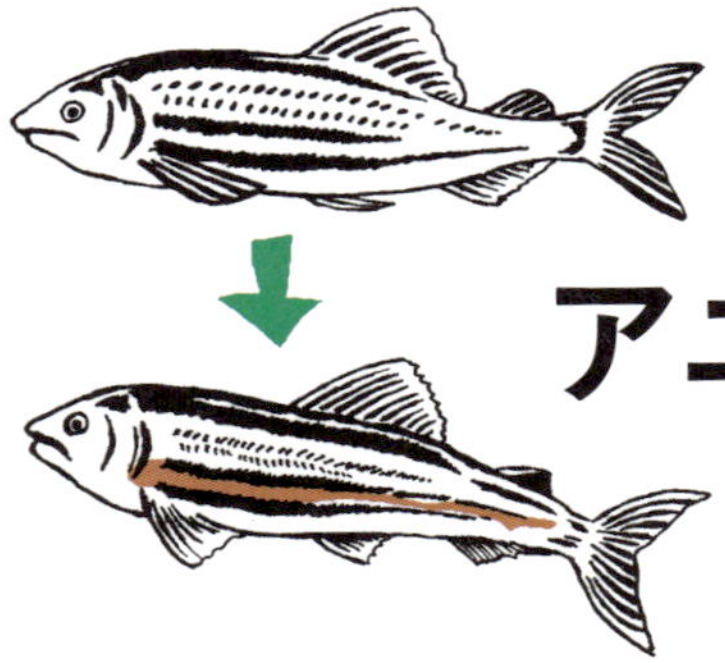

アユ

色《いろ》が変《か》わると準備《じゅんび》オッケー

アユのオスは、秋《あき》になると、背中《せなか》が黒《くろ》くなり、おなかのあたりがオレンジ色《いろ》に変《か》わる。婚姻色《こんいんしょく》だ。婚姻色《こんいんしょく》は、子《こ》どもをつくる準備《じゅんび》ができたことをメスに知《し》らせるためだ。

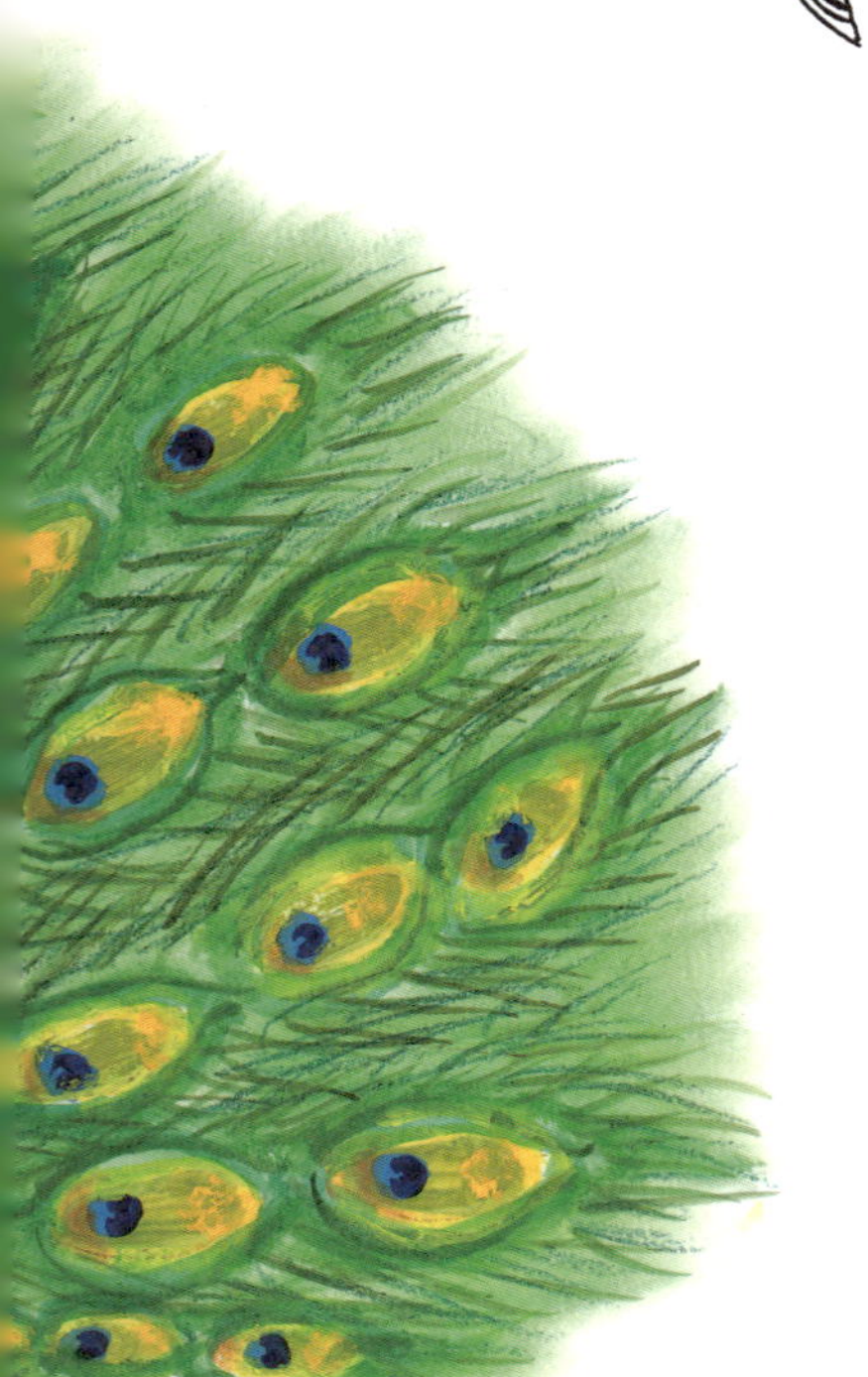

ウグイやタナゴなどの魚《さかな》やトカゲは、恋《こい》の季節《きせつ》にからだの一部《いちぶ》がきれいな赤色《あかいろ》になる。

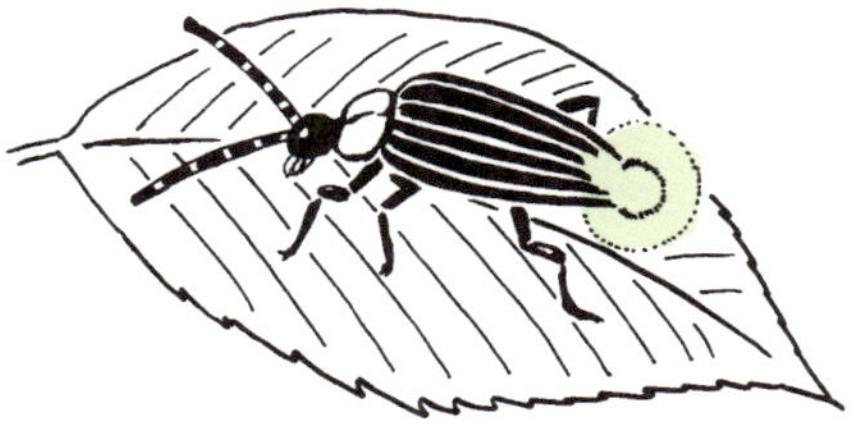

ホタル

光《ひか》りながらとんでプロポーズ

夏《なつ》になるとお尻《しり》を光《ひか》らせるホタル。居場所《いばしょ》を伝《つた》えたり、危険《きけん》を伝《つた》えたりなど、光《ひかり》で仲間《なかま》と会話《かいわ》をする。オスもメスも光《ひか》るが、光《ひか》りながらとびまわるのはオスだけ。それはプロポーズのためと言《い》われている。

ヒト

男女関係《だんじょかんけい》なく、おしゃれ好《ず》き?

いきもののなかで、人間《にんげん》だけが服《ふく》を着《き》る。寒《さむ》さを防《ふせ》ぎ、身《み》を守《まも》るためだが、好《す》きな服《ふく》を着《き》るたのしみもある。とくに好《す》きな人《ひと》の前《まえ》では、少《すこ》しでもよく見《み》られたいと思《おも》うのではないかな?

クジャク

美《うつく》しい羽《はね》でアピール

恋《こい》をする時期《じき》にだけクジャクのオスに生《は》える美《うつく》しい羽《はね》は、とぶためではなく、メスにアピールするためのもの。トラなどの天敵《てんてき》に見《み》つかりやすくても、生《い》き残《のこ》れたことをメスにアピールしている。

6

恋《こい》

どうしたらモテるんだろう？

歌《うた》でアピールする

美《うつく》しい歌声《うたごえ》で求愛《きゅうあい》

春《はる》に聞《き》こえてくる「ホーホケキョ」というウグイスの鳴《な》き声《ごえ》。この鳴《な》き方《かた》はオスだけだ。2つの意味《いみ》があり、高《たか》い声《こえ》はメスの気《き》を引《ひ》くため、低《ひく》い声《こえ》は仲間《なかま》に警戒《けいかい》を伝《つた》えるためだそう。

恋《こい》の相手《あいて》を見《み》つけるための鳴《な》き声《ごえ》

街中《まちなか》の木々《きぎ》からは小鳥《ことり》のさえずりが聞《き》こえてくるし、公園《こうえん》や山《やま》に行《い》けば、鳥《とり》の鳴《な》き声《ごえ》を耳《みみ》にする。鳥《とり》は鳴《な》くことでコミュニケーションをとっているのだ。

とくに恋《こい》の季節《きせつ》には、オスはまるで歌《うた》っているかのような美《うつく》しい鳴《な》き声《ごえ》で、メスにアピールをする。

鳥以外《とりいがい》にも、鳴《な》き声《ごえ》でメスにアピールするいきものがいる。セミやコオロギなどの昆虫《こんちゅう》も、鳴《な》くことで恋《こい》の相手《あいて》を探《さが》しているのだ。

人間《にんげん》はどうだろう？　歌《うた》がうまい人《ひと》を「すてきだなぁ」と思《おも》ったことはないだろうか？

モズ

モノマネ上手《じょうず》のラブソング

漢字《かんじ》で百《ひゃく》の舌《した》を持《も》つ鳥《とり》と書《か》く百舌《もず》は、ほかの鳥《とり》の鳴《な》きまねが上手《じょうず》。2月《がつ》ごろになると、歌《うた》の名人《めいじん》は美《うつく》しい鳴《な》き声《ごえ》を森《もり》にひびかせ、メスに求愛《きゅうあい》する。

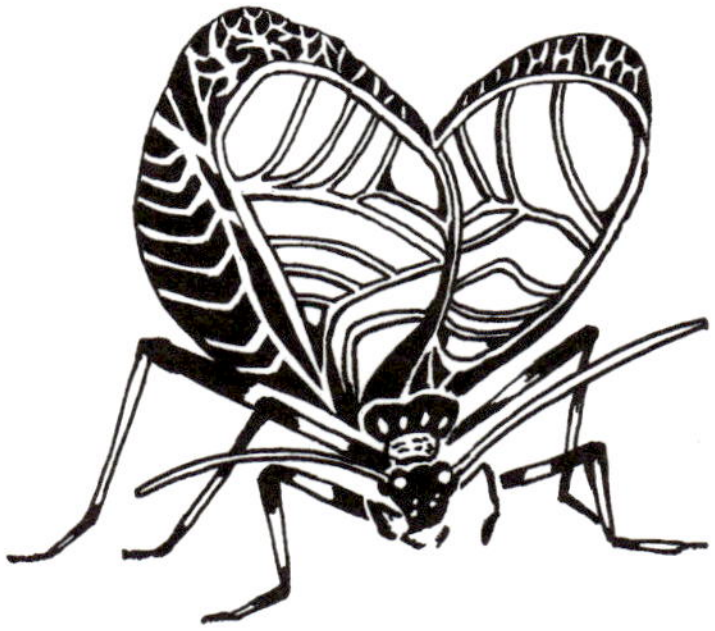

スズムシ

美《うつく》しい音色《ねいろ》は羽《はね》の音《おと》

秋《あき》に「リーンリーン」というきれいな声《こえ》で鳴《な》くスズムシ。鳴《な》くのはオス。メスを呼《よ》ぶためだ。ギザギザした羽《はね》を猛《もう》スピードでこすり合《あ》わせ、まるで楽器《がっき》のように音《おと》を出《だ》している。

セミ

短《みじか》い一生《いっしょう》の、短《みじか》い恋《こい》

夏《なつ》になると、セミのオスがさわがしく鳴《な》く。それは、メスに自分《じぶん》の居場所《いばしょ》を知《し》らせるため。うるさいかもしれないが、10日《とおか》ほどしか生《い》きられない成虫《せいちゅう》のオスは、短《みじか》い時間《じかん》の間《あいだ》に恋《こい》の相手《あいて》をけんめいに探《さが》しているのだ。

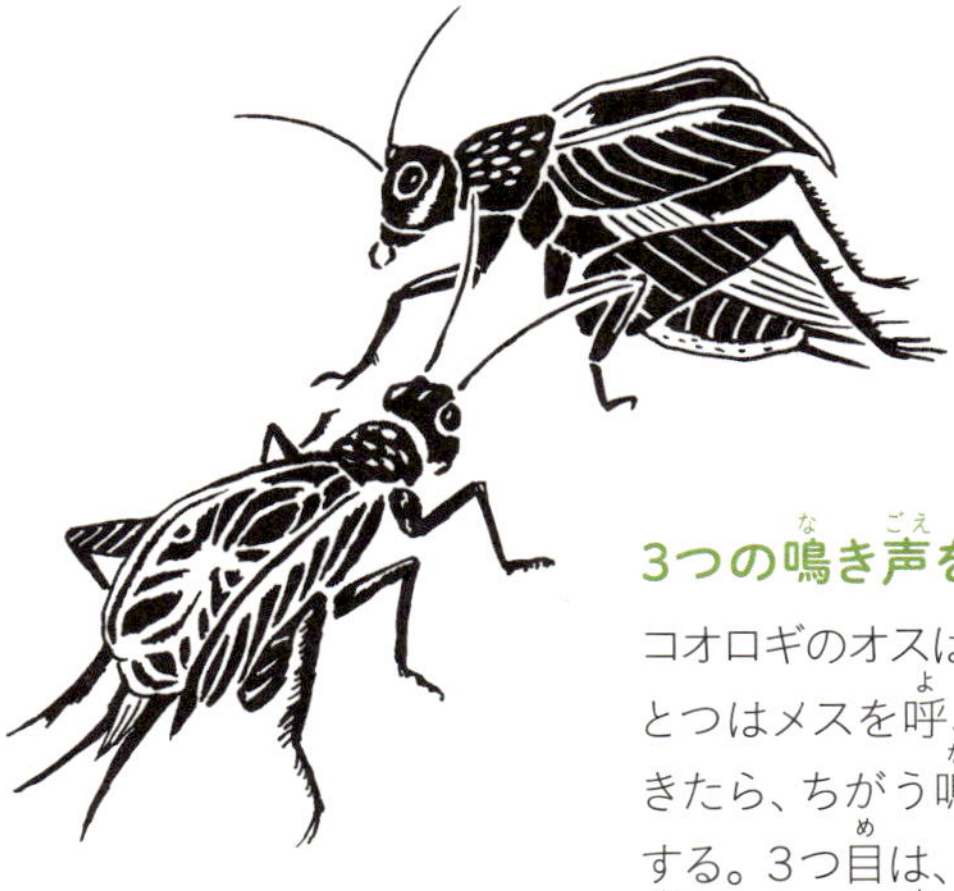

コオロギ

3つの鳴《な》き声《ごえ》を使《つか》い分《わ》ける

コオロギのオスは3つの鳴《な》き声《ごえ》を持《も》つ。ひとつはメスを呼《よ》ぶため。メスが近《ちか》づいてきたら、ちがう鳴《な》き声《ごえ》で魅力《みりょく》をアピールする。3つ目《め》は、オス同士《どうし》でけんかをして勝《か》ったときの鳴《な》き声《ごえ》。勝利《しょうり》の雄《お》たけびだ。

おどりでアピールする

言葉《ことば》より伝《つた》わるおどりの力《ちから》

人間《にんげん》は昔《むかし》から、おどりでいろんなことを表現《ひょうげん》してきた。仲間《なかま》と喜《よろこ》びをわかち合《あ》うためにおどるなど、言葉《ことば》が通《つう》じなくても、おどりで心《こころ》を通《かよ》わせられる。おどりとは、言葉《ことば》のかわりにメッセージを伝《つた》える方法《ほうほう》とも言《い》えるだろう。

いきものにも、おどりを使《つか》ってメッセージを伝《つた》え合《あ》っているものがいる。とくに鳥《とり》はおどりが上手《じょうず》で、愛《あい》を伝《つた》えるためにおどる鳥《とり》も多《おお》い。

トビウオ

「子育《こそだ》てがうまいよ！」を伝《つた》えるおどり

トビウオのオスは、まるでおどっているかのように、ヒレをバタバタさせる。それは、自分《じぶん》がつくった巣《す》のなかにしんせんな空気《くうき》を送《おく》り、子《こ》育《そだ》てができることを示《しめ》すためだ。

オスはメスの前《まえ》でユニークなおどりを見《み》せてアピールする。上手《じょうず》におどれるほどメスにモテるのだ。

チョウ

もようと香《かお》りでプロポーズ

チョウのオスは、自分《じぶん》のなわばりに入《はい》ってきたメスに近《ちか》づき、おどるように羽《はね》をはばたかせる。羽《はね》のもようを見《み》せ、さらに香《かお》りがする粉《こな》をまいてメスにアピールする。

タンチョウヅル

愛《あい》をたしかめ合《あ》うペアダンス

ツルは一度夫婦《いちどふうふ》になると、一生《いっしょう》いっしょにすごす。恋《こい》の季節《きせつ》の冬《ふゆ》になると、おたがいの愛《あい》をたしかめるために、大《おお》きな羽《はね》をはばたかせ、いっしょにとびはねながらおどる。

なりきってみよう

おどって愛《あい》を表現《ひょうげん》しよう

タンチョウヅルのように、おどることでいろんな感情《かんじょう》を表《あらわ》せるだろうか？

たとえば、はげしくおどることで怒《いか》りを表《あらわ》したり、とびはねるようにおどることで喜《よろこ》びを伝《つた》えたりもできるんじゃないかな。

演劇《えんげき》という芸術《げいじゅつ》は、人間《にんげん》が思想《しそう》や感情《かんじょう》を伝《つた》えようとして生《う》まれた。

好《す》きな子《こ》の前《まえ》でおどるのは、ちょっとはずかしいけれど、好《す》きな子《こ》のことを思《おも》って、自分《じぶん》の家《いえ》でおどることはできそうだ。おどるだけでなく、いっしょに歌《うた》をつけてもいいかもしれないね。

プレゼントでアピールする

子育《こそだ》てに役立《やくだ》つおくりもの

好《す》きな人《ひと》になにかをプレゼントしたい。それは、人間《にんげん》もいきものたちも同《おな》じだ。

オスは、メスに気《き》に入《い》られるために、いろんなプレゼントをする。

プレゼントで多《おお》いのは食《た》べものだ。大《おお》きなえものをたくさんとれることを示《しめ》せば、産《う》まれてくる子《こ》どもたちを育《そだ》てるときに役立《やくだ》つことをアピールできる。

そのほかにも、あたらしい巣《す》をつくってプレゼントしたり、なんと自分《じぶん》のからだをメスに差《さ》し出《だ》したりするものまでいる。

キムネコウヨウジャク

子育《こそだ》てのための家《いえ》をおくる

キムネコウヨウジャクのオスは、枝《えだ》の先《さき》に細《ほそ》く切《き》ったヤシの葉《は》などを巻《ま》きつけて巣《す》をつくる。途中《とちゅう》でメスが見《み》に来《き》て、気《き》に入《い》った家《いえ》のオスと恋《こい》をする。立派《りっぱ》な家《いえ》を持《も》っているとモテるのだ。

何度《なんど》もおくりつづける

オスはつかまえた魚《さかな》をメスにプレゼントするが、メスは魚《さかな》を食《た》べずにとっておく。一匹《いっぴき》ではもの足《た》りないからだ。オスは次《つぎ》から次《つぎ》へと魚《さかな》をメスに渡《わた》して、経済力《けいざいりょく》があることをアピールする。

フンコロガシ

うんこがおくりもの

オスは動物《どうぶつ》のうんこを丸《まる》めて転《ころ》がし、体《たい》重《じゅう》の1000倍《ばい》もの重《おも》さのふん玉《だま》をつくる。ふん玉《だま》が大《おお》きいほどメスに選《えら》ばれやすいのだ。メスはふん玉《だま》に卵《たまご》を産《う》み、そのなかで幼虫《ようちゅう》が成長《せいちょう》する。

コアジサシ

セアカゴケグモ

命《いのち》をプレゼント

セアカゴケグモのオスは、メスと恋仲《こいなか》になるとすぐにメスに食《た》べられ、赤《あか》ちゃんをつくるための栄養《えいよう》になる。自分《じぶん》の子《こ》どもを産《う》み育《そだ》ててもらうために、命《いのち》までプレゼントしてしまうのだ。

チョット かんがえてみよう

モテる理由《りゆう》は ひとつではない？

いきものたちの世界《せかい》を見《み》てみると、強《つよ》かったり、美《うつく》しかったり、歌《うた》やおどりがうまかったりなど、モテるための決《き》め手《て》はいろいろある。

人《ひと》の場合《ばあい》はどうだろう？　走《はし》るのがはやかったり、おもしろかったり、物知《ものし》りだったり、絵《え》がうまかったり、やさしかったり……。ほかには、どんな決《き》め手《て》があるか考《かんが》えてみよう。

いろんな恋《こい》のかたち

いきものたちの同性《どうせい》の恋《こい》

恋《こい》をするのは、オスとメスの組《く》み合《あ》わせ――とはかぎらない。じつはオス同士《どうし》、メス同士《どうし》で恋《こい》をすることも少《すく》なくない。

とくにチンパンジーやゴリラ、サルといったいきものは、いろんな恋《こい》をたのしんでいる。また、メス同士《どうし》で愛《あい》し合《あ》うアホウドリやオス同士《どうし》で愛《あい》し合《あ》うイルカなど、多《おお》くのいきもので同性《どうせい》の恋《こい》が確認《かくにん》されている。

なぜそのような行動《こうどう》をするのか、じつははっきりとわかっていない。恋《こい》の相手《あいて》をうばい合《あ》うことをさけ

ニホンザル

恋《こい》の相手《あいて》は同性《どうせい》

ニホンザルのなかには、オスとオス、メスとメスがまるで恋人《こいびと》のように愛《あい》し合《あ》っている姿《すがた》が見《み》られる。なかには、メスと恋《こい》ができなかったオス同士《どうし》でカップルになるものもいるそうだ。

るためや、自然《しぜん》の環境《かんきょう》が変《か》わってきた結果《けっか》、とも言《い》われている。

また、若《わか》いキリンのオスは、メスと恋《こい》をする前《まえ》に、オス同士《どうし》で短《みじか》い恋《こい》を経験《けいけん》するものも多《おお》いそうだ。恋《こい》の練習《れんしゅう》をしているとも言《い》えるかもしれない。

クマノミ

オスがメスに変《か》わる魚《さかな》

クマノミは、最初《さいしょ》はみんなオスとして産《う》まれてくる。オスだけの群《む》れのなかで、もっとも大《おお》きなからだを持《も》つものがメスに変《か》わる。からだが大《おお》きいほど、卵《たまご》をたくさん産《う》むことができるからだ。

カキ

オスでもメスでもない!?

カキは、恋《こい》の季節《きせつ》が終《お》わると、オスでもメスでもない「中性《ちゅうせい》」になる。そして、次《つぎ》の恋《こい》の季節《きせつ》までにより多《おお》くの栄養《えいよう》をたくわえたものがメスになり、栄養《えいよう》が足《た》りないものや若《わか》いカキはオスになる。

ヒト

同性《どうせい》の結婚《けっこん》も増《ふ》えている

人間《にんげん》の世界《せかい》でも、男性同士《だんせいどうし》、女性同士《じょせいどうし》で恋《こい》をする人《ひと》がいる。同性《どうせい》の結婚《けっこん》を認《みと》める国《くに》や地《ち》域《いき》も増《ふ》えているのだ。

家族《かぞく》 7

命《いのち》はつながっている？

わたしの命《いのち》は、どこから来《き》たんだろう？
お父《とう》さんとお母《かあ》さんからもらった命《いのち》。
そのお父《とう》さんとお母《かあ》さんの命《いのち》も、
おじいちゃんやおばあちゃんからもらったもの。
そして、おじいちゃんとおばあちゃんの命《いのち》も……。
そう、わたしたち人間《にんげん》の命《いのち》は、
遠《とお》い昔《むかし》からずっと受《う》けつがれてきたものだ。

もちろん、いきものたちはみんなそうだ。
人間《にんげん》と同《おな》じように、遠《とお》い昔《むかし》の祖先《そせん》から
命《いのち》をもらい、いまにつづいている。
そんな命《いのち》のつながりについて
思《おも》いをめぐらせながら、
家族《かぞく》と命《いのち》について考《かんが》えていこう。

7 家族《かぞく》

命《いのち》はつながっている?

どうやって命《いのち》をつなごう?

自分《じぶん》の子《こ》どもを増《ふ》やすために生《い》きている

子《こ》を産《う》んで命《いのち》をつなげることは、いきものにとって大《おお》きな目的《もくてき》だ。その目的《もくてき》が果《は》たせなければ、いずれは絶滅《ぜつめつ》してしまうかもしれない。

いきものの種類《しゅるい》によって、子《こ》どもを増《ふ》やす方法《ほうほう》はさまざま。

人間《にんげん》を含《ふく》む、ほ乳類《にゅうるい》と呼《よ》ばれるいきものは、赤《あか》ちゃんを産《う》んで命《いのち》を増《ふ》やす。鳥《とり》や魚《さかな》などのいきものは卵《たまご》を産《う》む。また、とても小《ちい》さないきもののなかには、自分自身《じぶんじしん》が分裂《ぶんれつ》して命《いのち》を増《ふ》やすものもいる。

いずれの方法《ほうほう》であっても、命《いのち》をつなげたい思《おも》いはいっしょだ。

ジャイアントパンダ

小《ちい》さな赤《あか》ちゃんを産《う》む

ジャイアントパンダは、1回《かい》の出産《しゅっさん》で1〜2頭《とう》の赤《あか》ちゃんを産《う》む。産《う》まれたての赤《あか》ちゃんは、15センチくらいの大《おお》きさで、体重《たいじゅう》もたったの100グラムくらいしかない。

ウミガメ

たくさんの卵《たまご》を産《う》む

ウミガメは、卵《たまご》を産《う》むために砂浜《すなはま》に上《あ》がってくる。掘《ほ》った穴《あな》に卵《たまご》を産《う》み、その上《うえ》に砂《すな》をかけて卵《たまご》をかくしてから、ふたたび海《うみ》に帰《かえ》っていく。1回《かい》の産卵《さんらん》で100個以上《こいじょう》もの卵《たまご》を産《う》むと言《い》われている。

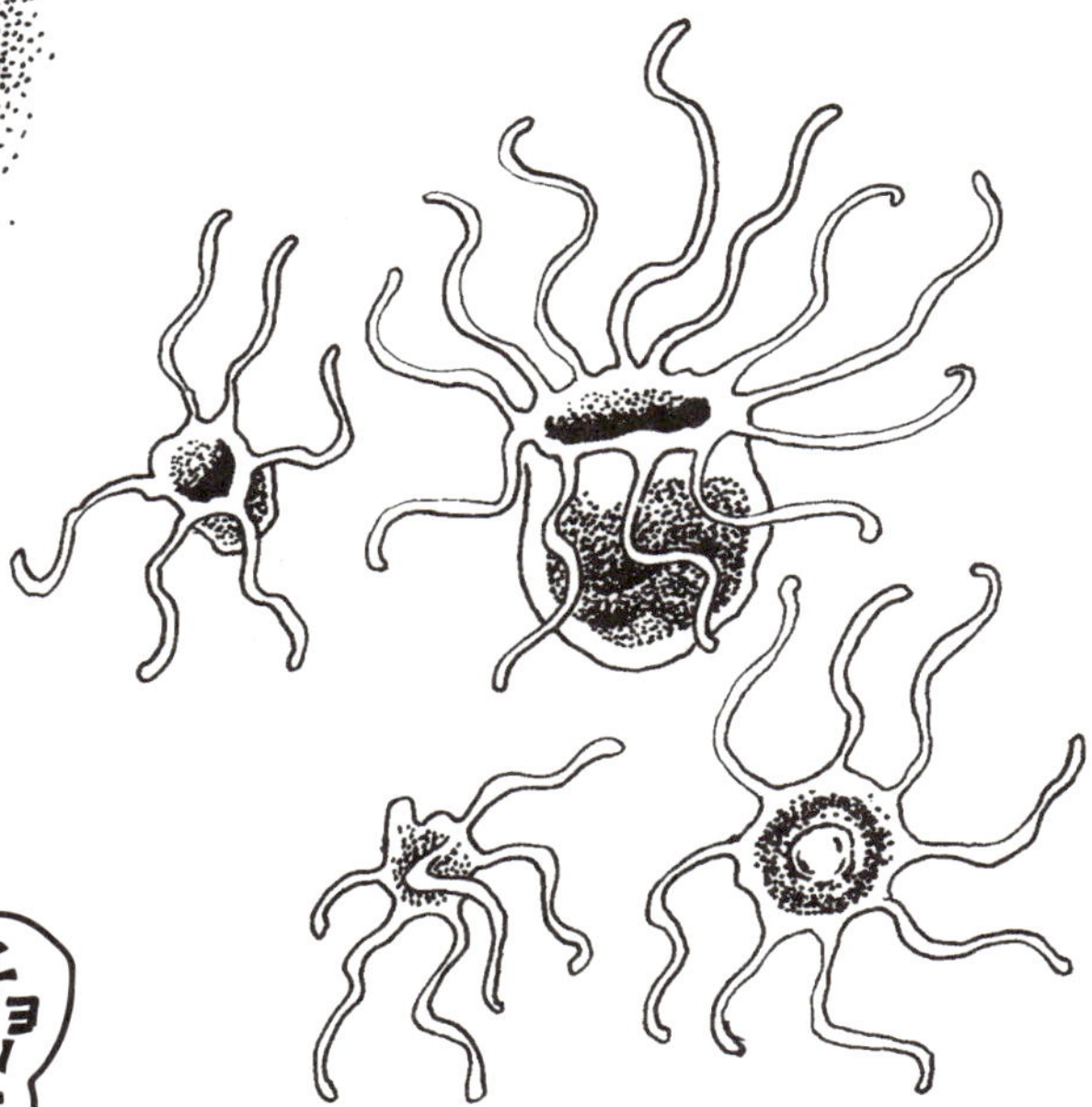

ウズラの卵《たまご》を温《あたた》めてみよう

スーパーで売《う》られているウズラの卵《たまご》のなかには、じつはウズラの赤《あか》ちゃんが産《う》まれる卵《たまご》も混《ま》ざっている。1パックに1つくらいあるそうだ。

その卵《たまご》をかえすためには、つねに約《やく》37~38度《ど》の温度《おんど》、約《やく》50~70パーセントの湿度《しつど》を保《たも》ち、4~6時間《じかん》に1回転《かいてん》がす必要《ひつよう》がある。うまくいけば、17日《にち》くらいで卵《たまご》にヒビが入《はい》り、小《ちい》さなヒナが顔《かお》をのぞかせる。かなり大変《たいへん》そうだね。ちょっとためしてみる?

ミズクラゲ

分身《ぶんしん》の術《じゅつ》で増《ふ》える

ミズクラゲは、2つの方法《ほうほう》で命《いのち》を増《ふ》やしている。まず普通《ふつう》のいきものと同《おな》じようにオスとメスが交《まじ》わることで子《こ》どもを産《う》む。その子《こ》どもは海底《かいてい》や岩《いわ》にくっついて、次《つぎ》から次《つぎ》へと分裂《ぶんれつ》する。分裂《ぶんれつ》したクラゲはすべて、まるで分身《ぶんしん》したようにそっくりなのだ。

たいへんな出産《しゅっさん》

子《こ》どものために命《いのち》をぎせいにする

卵《たまご》や赤《あか》ちゃんを産《う》んで子《こ》どもを増《ふ》やすことは、とても大《おお》きな仕事《しごと》だ。それだけに親《おや》にとっては、たやすいことではない。

なかには、出産《しゅっさん》のあと、命《いのち》を落《お》としてしまうものもいる。たとえばタコのメスは、卵《たまご》を産《う》んだあと、卵《たまご》に新鮮《しんせん》な水《みず》を送《おく》りながら、敵《てき》である魚《さかな》から卵《たまご》を守《まも》る。その間《あいだ》、なにも食《た》べず、赤《あか》ちゃんが誕生《たんじょう》するころには力《ちから》つきて死《し》んでしまう。

人間《にんげん》も昔《むかし》は、赤《あか》ちゃんを産《う》んで亡《な》

サケ

卵《たまご》を産《う》んで、命《いのち》つきる

大《おお》きな海《うみ》で成長《せいちょう》したサケは、自分《じぶん》が産《う》まれた川《かわ》に戻《もど》って卵《たまご》を産《う》む。河口《かこう》から上流《じょうりゅう》まで長《なが》い旅《たび》をして、からだはボロボロ。産卵《さんらん》が終《お》わると、力《ちから》つきて死《し》んでしまう。

くなってしまうお母《かあ》さんが多《おお》かった。
いまの日本《にほん》では、出産《しゅっさん》で命《いのち》を落《お》とす母親《ははおや》の数《かず》は減《へ》ったが、命《いのち》がけであることに変《か》わりない。

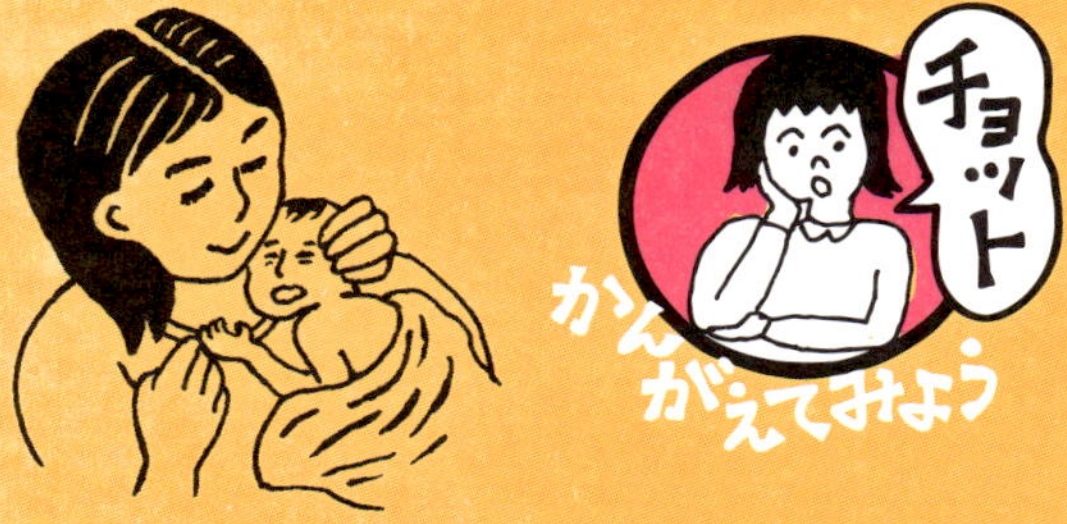

どうやって産《う》まれてきたの？

みんなは、自分《じぶん》がどのように産《う》まれてきたか、知《し》っているかな？

お母《かあ》さんはきっと大変《たいへん》な思《おも》いをして、みんなのことを産《う》んでくれたんじゃないだろうか。

つらかったことやうれしかったことなど、自《じ》分《ぶん》が産《う》まれてきたときのことをお母《かあ》さんやお父《とう》さんに聞《き》いてみよう。

カマキリ

たとえ食《た》べられても……

カマキリは肉食《にくしょく》で、動《うご》くものをえものだと思《おも》う習性《しゅうせい》がある。そのため、大《おお》きなメスは、オスが近《ちか》づくと、思《おも》わず食《た》べてしまう。食《た》べられながらでも、オスはメスと交尾《こうび》をする。大事《だいじ》なのは子孫《しそん》を残《のこ》すことだ。

ムレイワガネグモ

お母《かあ》さんの究極《きゅうきょく》の愛《あい》

ムレイワガネグモのメスは、産《う》まれてきた赤《あか》ちゃんのために、自分《じぶん》のからだをぎせいにする。内《ない》ぞうを口《くち》から吐《は》き出《だ》し、赤《あか》ちゃんに食《た》べさせてあげるのだ。なんと、からだの半分《はんぶん》以上《いじょう》も失《うしな》うそうだ。

お母《かあ》さんの子《こ》育《そだ》て

ピパピパ

お母《かあ》さんの背中《せなか》で成長《せいちょう》

コモリガエルとして知《し》られるピパピパは、オスが手伝《てつだ》って、やわらかくなったメスの背中《せなか》に100個《こ》もの卵《たまご》を埋《う》めこむ。卵《たまご》から産《う》まれたオタマジャクシは、メスの背中《せなか》のなかで育《そだ》ち、カエルの姿《すがた》になってから外《そと》にとび出《だ》す。

敵《てき》から子《こ》を守《まも》り 食《た》べものを与《あた》える

鳥類《ちょうるい》やほ乳類《にゅうるい》などは、産《う》まれてきた赤《あか》ちゃんをお世話《せわ》する。ほ乳類《にゅうるい》の場合《ばあい》、世話《せわ》をするのは、お母《かあ》さんであるメスの役割《やくわり》であることが多《おお》い。

お母《かあ》さんは、産《う》まれてきたばかりの弱《よわ》い赤《あか》ちゃんを敵《てき》から守《まも》り、自分《じぶん》の乳《ちち》を飲《の》ませて育《そだ》てる。

鳥類《ちょうるい》は、巣《す》のなかの子《こ》どもがねらわれないように注意《ちゅうい》しながら、交代《こうたい》で食《た》べものをとってきて食《た》べさせる。オスとメスが協力《きょうりょく》して卵《たまご》を温《あたた》め、ふ化《か》してからは巣《す》のなかの子《こ》どもが危険《きけん》な目《め》にあわないように注意《ちゅうい》する。

いきもののなかでも、昆虫《こんちゅう》や魚類《ぎょるい》、

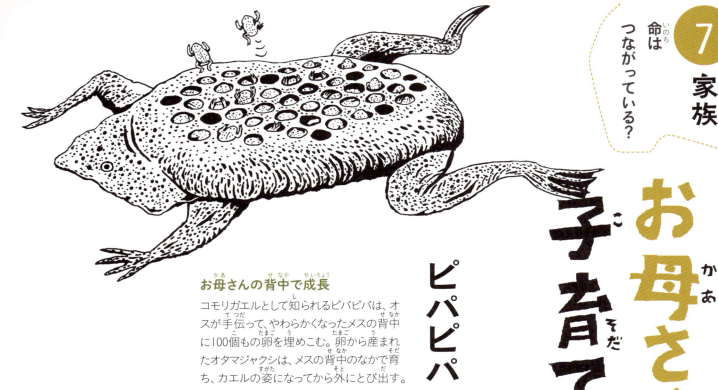

両生類《りょうせいるい》、は虫類《ちゅうるい》は、基本的《きほんてき》に子育《こそだ》てをしない。卵《たまご》を産《う》んだらほったらかしだ。しかし、わずかだが子育《こそだ》てをしているように見《み》えるものもいる。

カンガルー

袋《ふくろ》に入《はい》って乳《ちち》を飲《の》む

カンガルーの赤《あか》ちゃんは、たった1グラムの体重《たいじゅう》しかない未《み》熟《じゅく》な状態《じょうたい》で産《う》まれてくる。そのため、赤《あか》ちゃんは産《う》まれると、育児《いくじ》のうというお母《かあ》さんのおなかにある袋《ふくろ》に入《はい》り、おっぱいを飲《の》んで成長《せいちょう》する。

オオコウモリ

抱《だ》っこしたままとぶ

コウモリは、メスだけが子育《こそだ》てをする。オオコウモリのお母《かあ》さんは、赤《あか》ちゃんを抱《だ》っこしたままとび、食《た》べものを探《さが》しに行《い》く。

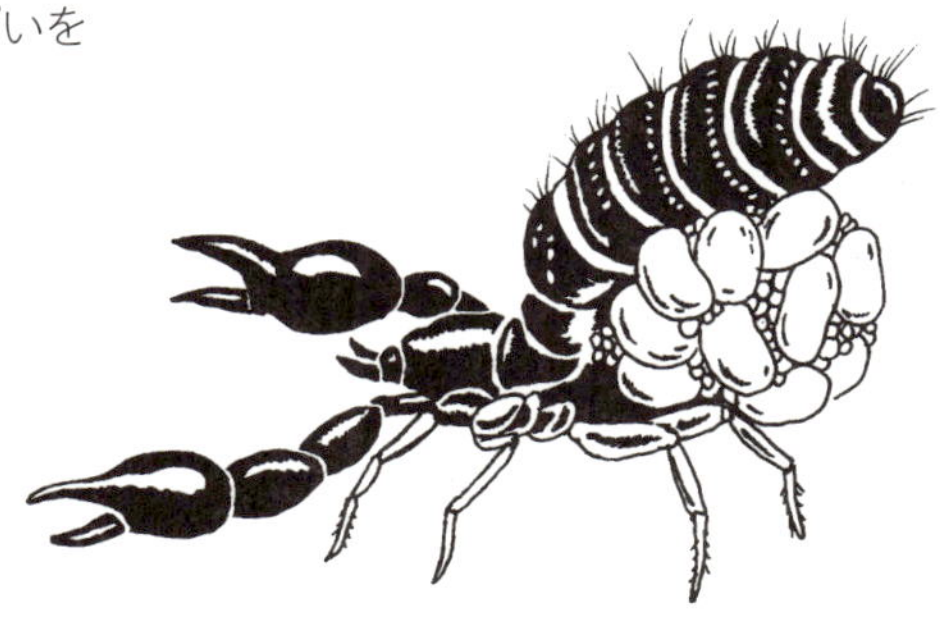

カニムシ

カンガルーのように袋《ふくろ》がある虫《むし》

カニムシは、カニのようなハサミを持《も》っているクモの仲間《なかま》。カニムシのおなかには袋《ふくろ》がついていて、そこに十数個《じゅうすうこ》の卵《たまご》を産《う》む。産《う》まれてきた幼虫《ようちゅう》は、お母《かあ》さんのおなかにくっついて成長《せいちょう》する。

お父《とう》さんも子育《こそだ》てする

積極的《せっきょくてき》に子育《こそだ》てするオス

いきもののオスは、あまり子育《こそだ》てに参加《さんか》しない。それでもなかには、オスが積極的《せっきょくてき》に子育《こそだ》てをするいきものもいる。

たとえば、魚《さかな》のクマノミのオスは、メスが産《う》んだ卵《たまご》を口《くち》のなかに入《い》れて敵《てき》から守《まも》る。同《おな》じように、コモリウオやサンバガエルも、メスが産《う》んだ卵《たまご》をオスが大事《だいじ》に守《まも》る。

鳥《とり》の多《おお》くはメスが卵《たまご》を温《あたた》めるが、オスが卵《たまご》を温《あたた》める鳥《とり》もいる。コウテイペンギンやツカツクリのほかに、田《た》んぼでくらすタマシギや大《おお》型《がた》の鳥《とり》エミューも卵《たまご》を温《あたた》めるのはオスの役割《やくわり》だ。

コウテイペンギン

かこくな環境《かんきょう》で卵《たまご》を守《まも》る

コウテイペンギンのオスは約《やく》2カ月間《げつかん》、なにも食《た》べずに卵《たまご》を温《あたた》めつづける。マイナス60度《ど》にもなる南極大陸《なんきょくたいりく》で、卵《たまご》を凍《こお》らせないために、親鳥《おやどり》は足《あし》の上《うえ》に卵《たまご》を置《お》く。オス同士《どうし》は押《お》しくらまんじゅうのようにくっついて、寒《さむ》さにたえる。

ツカツクリ

落《お》ち葉《ば》の量《りょう》で温度《おんど》を調節《ちょうせつ》

ツカツクリのオスは、落《お》ち葉《ば》を集《あつ》めて塚《つか》をつくる。微生物《びせいぶつ》が落《お》ち葉《ば》を分解《ぶんかい》するときに熱《ねつ》が出《で》て、塚《つか》が温《あたた》まる。メスは、オスがつくった塚《つか》の温度《おんど》が気《き》に入《い》れば、そこに卵《たまご》を産《う》むのだ。オスは塚《つか》が約《やく》33度《ど》になるように保《たも》ち、温度《おんど》が下《さ》がれば落《お》ち葉《ば》を足《た》す。

コモリウオ

パパのおでこで子育《こそだ》て

名前《なまえ》のとおり、子守《こも》りをする魚《さかな》コモリウオ。オスのおでこにあるでっぱりに、メスが産《う》んだ卵《たまご》のかたまりをひっかける。オスは、卵《たまご》がかえるまで、敵《てき》に食《た》べられないように大事《だいじ》に守《まも》る。お父《とう》さんといつもいっしょなら安心《あんしん》だ。

お父《とう》さんの子育《こそだ》てってなんだろう?

ほ乳類《にゅうるい》の赤《あか》ちゃんは、栄養《えいよう》たっぷりの母乳《ぼにゅう》を飲んで育《そだ》つ。そのため産《う》まれてすぐは、オスが参加《さんか》できる子育《こそだ》てが少《すく》ないように見《み》えるかもしれない。

でも、ほ乳類《にゅうるい》のオスにできることもある。敵《てき》から家族《かぞく》を守《まも》ること、食《た》べものをとってくること、そしてきびしい自然《しぜん》で生《い》きるための方法《ほうほう》を教《おし》えることなどだ。人間《にんげん》の場合《ばあい》、お父《とう》さんも子育《こそだ》てに参加《さんか》するのが普通《ふつう》になってきた。お父《とう》さんはどんな子育《こそだ》てをしているだろうか。お母《かあ》さんと同《おな》じところ、ちがうところを考《かんが》えてみよう。

夫婦《ふうふ》で協力《きょうりょく》する子育《こそだ》て

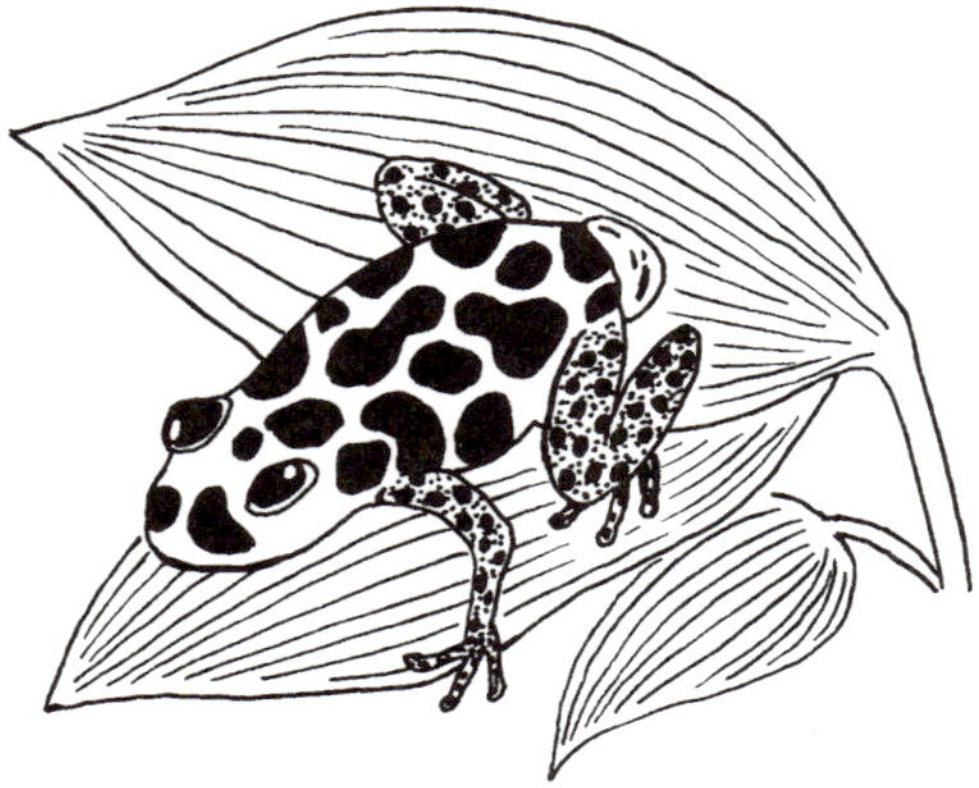

マネシヤドクガエル

子《こ》どもをはこぶオスと食《た》べるための卵《たまご》を産《う》むメス

オスは、卵《たまご》から産《う》まれたオタマジャクシを背負《せお》い、一匹《いっぴき》ずつ安全《あんぜん》な水《みず》たまりに連《つ》れていく。水《みず》たまりには食《た》べものが少《すく》ないため、メスは子《こ》どもにならない無精卵《むせいらん》を産《う》み、子《こ》どもたちに食《た》べさせる。

いきものの子育《こそだ》てのかたち

日本《にほん》では、ひとりの男性《だんせい》とひとりの女性《じょせい》が結婚《けっこん》する。そのため、夫婦《ふうふ》で協力《きょうりょく》しながら子育《こそだ》てをする。

子《こ》どもの世話《せわ》は大変《たいへん》だけど、とてもたのしいことでもある。成長《せいちょう》を見守《みまも》るのは、人《ひと》としての喜《よろこ》びでもあるからだ。

いきものにも、同《おな》じような喜《よろこ》びがあるのだろうか？

鳥《とり》は、夫婦《ふうふ》で協力《きょうりょく》して子育《こそだ》てをする。交代《こうたい》で卵《たまご》を守《まも》ったり、食《た》べものをとってきたりする。なんと、オスもメスもミルクを出《だ》すものまでいる。

そのほかにも、夫婦《ふうふ》がいっしょに子《こ》どもの世話《せわ》をするめずらしいカエルや魚《さかな》もいる。夫婦《ふうふ》で協力《きょうりょく》するほうが、子《こ》どもたちが安全《あんぜん》に育《そだ》つのだろう。

かれらは、どんなふうに協力《きょうりょく》しているのか、少《すこ》しだけ見《み》てみよう。

ヒト

お父《とう》さんとお母《かあ》さんの役割《やくわり》

お父《とう》さんは外《そと》で仕事《しごと》をして、お母《かあ》さんは家《いえ》で子育《こそだ》てをする。少《すこ》し前《まえ》の日本《にほん》は、そんなふうに役割《やくわり》がはっきりしていたが、最近《さいきん》ではおたがいに仕事《しごと》をして、子育《こそだ》てもいっしょにする夫婦《ふうふ》が多《おお》くなってきた。

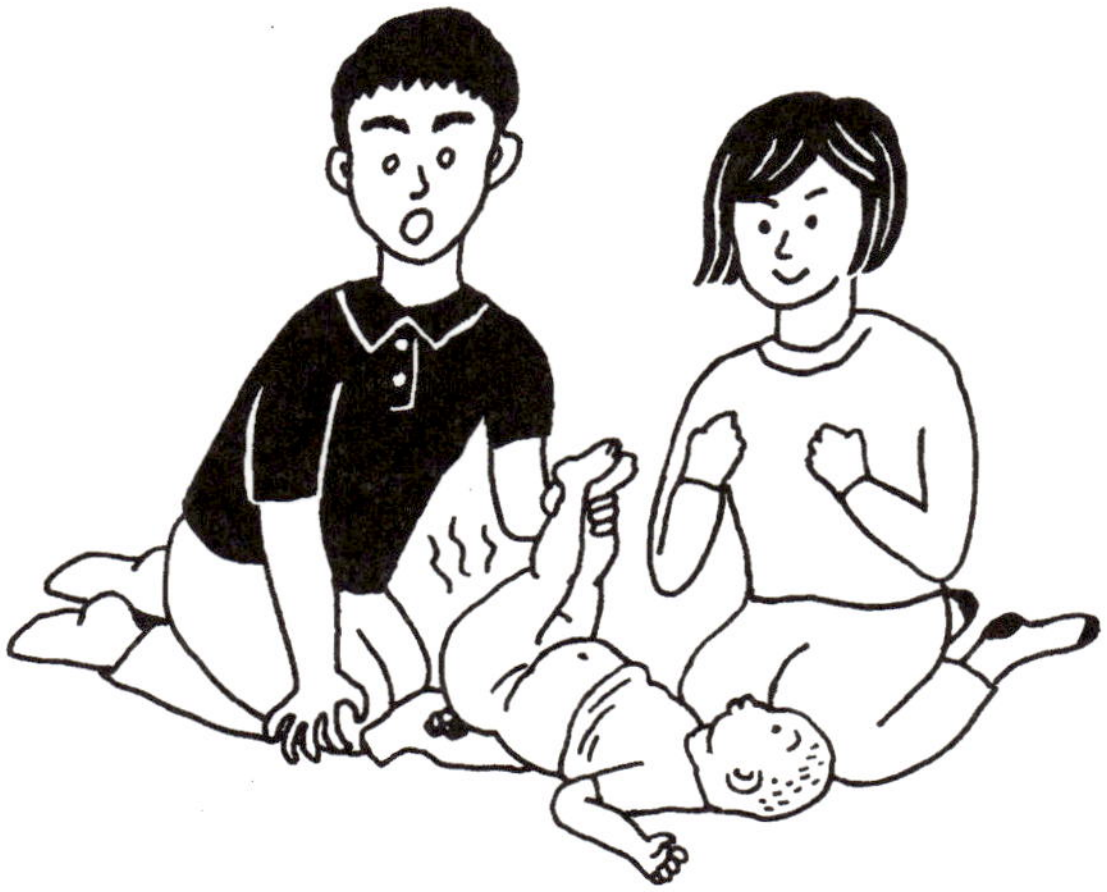

キジバト

昼《ひる》と夜《よる》で交代《こうたい》して卵《たまご》を温《あたた》める

敵《てき》が少《すく》ない夜《よる》はメスが卵《たまご》を温《あたた》め、危《き》険《けん》な昼《ひる》はオスが卵《たまご》を温《あたた》める。ヒナは、親《おや》の口《くち》のなかに顔《かお》を入《い》れ、「ピジョンミルク」と呼《よ》ばれる栄養《えいよう》たっぷりのミルクを飲《の》む。このピジョンミルクは、オスもメスも出《だ》すことができる。

ディスカス

オスもメスもミルクを出《だ》す魚《さかな》

魚《さかな》は、卵《たまご》を産《う》んだあとは子育《こそだ》てをしない。しかし、ディスカスの親《おや》は、ミルクを子《こ》どもに与《あた》えて子育《こそだ》てをする。オスもメスもからだの表面《ひょうめん》から「ディスカスミルク」を出《だ》せるのだ。

みんなで子《こ》どもを育《そだ》てる

ヒト

社会全体《しゃかいぜんたい》で子《こ》どもを見守《みまも》る

子《こ》どもを育《そだ》てているのは、お父《とう》さんやお母《かあ》さんだけではない。おじいちゃんやおばあちゃんなど、近《ちか》くにいる大人《おとな》もそうだ。もっと大《おお》きく見《み》ると、地域《ちいき》や社会全体《しゃかいぜんたい》で子《こ》どもを育《そだ》てているとも言《い》える。

子《こ》どもを見守《みまも》る大人《おとな》の目《め》

人間《にんげん》の場合《ばあい》、お父《とう》さんとお母《かあ》さんのほかにも、おじいちゃんやおばあちゃんも子育《こそだ》てを手伝《てつだ》ってくれることがある。家族《かぞく》だからだ。

でも、家族《かぞく》だけが子育《こそだ》てを手伝《てつだ》うのだろうか？

まわりを見《み》わたしてみよう。友《とも》だちのお父《とう》さんやお母《かあ》さん、近所《きんじょ》に住《す》んでいる人《ひと》たち、学校《がっこう》の先生《せんせい》たち、習《なら》いごとの先生《せんせい》など、みんなの成長《せいちょう》を見守《みまも》ってくれている大人《おとな》はいっぱいいるんじゃないかな。

こういったことは、いきものの世《せ》界《かい》ではめずらしい。でも、なかにはみんなで子《こ》どもを見守《みまも》っているようないきものもいる。

エナガ

子育《こそだ》てのヘルパー

両親《りょうしん》だけでなく、お兄《にい》ちゃんやお姉《ねえ》ちゃんなど、ほかの家族《かぞく》も子《こ》どもに食《た》べものを与《あた》える。また、若《わか》いエナガは、ヘルパーとして子育《こそだ》てを手伝《てつだ》い、子育《こそだ》ての経験《けいけん》をつむ。

キリン

群《む》れのなかの保育園《ほいくえん》

「クレイシ」は、フランス語《ご》で保《ほ》育園《いくえん》のこと。キリンにはクレイシがあり、子《こ》どもたちが集《あつ》められ、大人《おとな》が交代《こうたい》で世話《せわ》をする。お母《かあ》さんは、ときどきクレイシに戻《もど》っておっぱいを与《あた》える。ペンギンなどの鳥《とり》の仲間《なかま》には、クレイシがかなりある。

オオカミ

遊《あそ》び相手《あいて》のお兄《にい》ちゃん

オオカミの子《こ》どもが大《おお》きくなると、食《た》べものをとりにいくお母《かあ》さんのかわりに、お兄《にい》ちゃんが子《こ》どものめんどうを見《み》る。じゃれ合《あ》ったりなどして、狩《か》りの仕方《しかた》を教《おし》えるのもお兄《にい》ちゃんの役割《やくわり》だ。

どんなことを学《まな》ぶ？

トラ

じゃれ合《あ》いは狩《か》りの練習《れんしゅう》

トラは、えものを見《み》つけたら気《き》づかれないようにそっと近《ちか》づき、するどい牙《きば》でしとめる。子育《こそだ》てはメスの役割《やくわり》だが、子《こ》どもたちはおたがいにじゃれ合《あ》って、遊《あそ》びながら狩《か》りの練習《れんしゅう》をする。ネコの子《こ》どもがじゃれ合《あ》うのも同《おな》じだ。

生《い》きるうえで大事《だいじ》なことを学《まな》ぶ

人間《にんげん》の子《こ》どもは、小《ちい》さいうちに食《た》べものの食《た》べ方《かた》やトイレの方法《ほうほう》など、生活《せいかつ》のことを覚《おぼ》える。そう、言葉《ことば》も小《ちい》さいうちに覚《おぼ》えるね。少《すこ》し大《おお》きくなると、計算《けいさん》の方法《ほうほう》を学《まな》んだり、世界《せかい》を知《し》るために勉強《べんきょう》もする。そうした学《まな》びは、人間《にんげん》のくらしを豊《ゆた》かにしてくれるのだ。

いきものたちも、自然《しぜん》のなかで生《い》きぬくために、学《まな》ばないといけないことがたくさんある。

どれが安全《あんぜん》な食《た》べものか、どうやって食《た》べものを得《え》るのか、いかに敵《てき》から身《み》を守《まも》るのか……。生《い》きるために必要《ひつよう》なことを、いきものたちはどうやって学《まな》んでいるのだろう？

遊《あそ》びのなかにも学《まな》びはある？

いきものたちは、まるで遊《あそ》びながらいろんなことを学《まな》んでいるように見《み》える。みんなも、たのしんで学《まな》んでいるだろうか？

机《つくえ》に向《む》かって勉強《べんきょう》するだけが学《まな》びではない。本《ほん》を読《よ》んだり、家《いえ》のお手《て》伝《つだ》いをしたりすることも学《まな》びだ。また、友《とも》だちと遊《あそ》んでいるときも、いろんな学《まな》びがある。

たとえば、友《とも》だちとキャッチボールをしているときは、どんな学《まな》びがあるだろう？

友《とも》だちに対《たい》する思《おも》いやりなど、遊《あそ》びのなかで学《まな》ぶことも多《おお》い。

みんなもふだんの遊《あそ》びのなかで、どんな学《まな》びがあるか考《かんが》えてみよう。

キンシコウ

子育《こそだ》ての方法《ほうほう》を学《まな》ぶ

キンシコウの若《わか》いメスは、まだ自分《じぶん》の子《こ》どもを持《も》たないときに、ほかのメスの子守《こも》りを手伝《てつだ》う。それは、自分《じぶん》が母親《ははおや》になったときのための練習《れんしゅう》でもあるのだ。

コオロギ

けんかのやめどきを学《まな》ぶ

コオロギのオス同士《どうし》は、よくけんかをする。ただし、けんかもいきすぎると死《し》にいたるため、けんかをくり返《かえ》すうちにやめどきを学《まな》ぶようになる。

7
命《いのち》はつながっている？
家族《かぞく》

ひとりで生《い》きていく

ひとり立《だ》ちして自分《じぶん》の力《ちから》でくらす

成長《せいちょう》したいきものは、いずれひとりでくらしていかなければならない。食《た》べものを自分《じぶん》で得《え》られるようになり、自分《じぶん》の家族《かぞく》を持《も》って、次《つぎ》のあたらしい命《いのち》をつないでいく。それがひとり立《だ》ち、自立《じりつ》とも言《い》う。

そのために、子《こ》どもは生《い》きていくうえで必要《ひつよう》なことを親《おや》から学《まな》ぶ。

ときにはやさしく、ときにはきびしく、親《おや》は子《こ》どもが自立《じりつ》できるようにうながすのだ。たとえば、成長《せいちょう》したオスは、家族《かぞく》や群《む》れからむりやり追《お》い出《だ》されることも多《おお》い。

人間《にんげん》の場合《ばあい》はどうだろう？　大半《たいはん》

プレーリードッグ

子《こ》が育《そだ》つと父親《ちちおや》が家《いえ》を出《で》る

プレーリードッグはおもに巣穴《すあな》でくらし、草《くさ》を食《た》べるときだけ外《そと》に出《で》る。子《こ》どもが外《そと》に出《で》るときは、両親《りょうしん》が敵《てき》が来《こ》ないか見守《みまも》る。子《こ》どもが大《おお》きくなると、父親《ちちおや》が巣《す》を去《さ》って、子《こ》どもに巣《す》をゆずる。

の人《ひと》は20年《ねん》ほど親《おや》といっしょにすごす。ひとりで生《い》きていける力《ちから》がついて自立《じりつ》したあとも、親元《おやもと》をたずねたり、親《おや》に助《たす》けてもらったりすることが多《おお》い。

テナガザル

なんでもしてあげる過保護《かほご》な親《おや》

テナガザルは、父親《ちちおや》と母親《ははおや》が協力《きょうりょく》して、約《やく》８年間《ねんかん》も子育《こそだ》てをする。子《こ》どもが独立《どくりつ》して、なわばりを得《え》るまで手伝《てつだ》い、ときには結婚相手《けっこんあいて》を見《み》つけるまで手伝《てつだ》う親《おや》もいるらしい。

キツネ

自立《じりつ》をこっそりサポート

子《こ》どもが３カ月《げつ》にもなると、父親《ちちおや》は食《た》べものを与《あた》えずに、ひとりで狩《か》りをさせる。ただ、わかりやすいところにえものを置《お》くなど、こっそり手助《てだす》けをする。さらに成長《せいちょう》すると、子《こ》どもをきびしい態度《たいど》で追《お》い出《だ》して自立《じりつ》をうながす。

ヒト

ゆるやかに自立《じりつ》していく

自立《じりつ》とは、自分《じぶん》の力《ちから》で生活《せいかつ》していくこと。そういう意味《いみ》では、働《はたら》きはじめるときが自立《じりつ》とも言《い》える。ただ、親子《こ》の関係《かんけい》はずっとつづき、おたがいに助《たす》け合《あ》って生《い》きていくのも人間《にんげん》の特《とく》ちょうだ。

7 家族《かぞく》

命《いのち》はつながっている？

命《いのち》の長《なが》さはどのくらい？

- ミンミンゼミ（成虫《せいちゅう》） 2〜3週間《しゅうかん》
- カブトムシ（成虫《せいちゅう》） カ 1カ月《げつ》くらい
- クワガタムシ（成虫《せいちゅう》） 2〜3カ月《げつ》
- トノサマバッタ ツバメ、ホタル コオロギ 1年《ねん》
- マダコ クラゲ、メダカ 1〜2年《ねん》
- スズメ 1〜数年《すうねん》
- ニホンリス 3〜5年《ねん》
- メジロ 5年《ねん》
- マイワシ 5〜6年《ねん》
- セキセイインコ 7〜8年《ねん》
- ヒラメ 8年《ねん》
- ブタ 9〜15年《ねん》
- キジ ケープペンギン キツツキ 10年《ねん》
- トムソンガゼル ニホンジカ（オス） 10〜12年《ねん》
- コアラ 10〜13年《ねん》
- ライオン、キリン ヒツジ 10〜15年《ねん》
- キジバト 10〜20年《ねん》
- ナマケモノ 12年《ねん》
- ガチョウ、ヒグマ ウマ、シマウマ 25年《ねん》
- ホッキョクグマ ニホンザル、ロバ 25〜30年《ねん》
- ゴマフアザラシ 30年《ねん》
- マウンテンゴリラ ヒトコブラクダ 35年《ねん》
- ナンヨウマンタ ハンドウイルカ 40年《ねん》
- チンパンジー カバ、ナイルワニ 45年《ねん》
- アジアゾウ 60年《ねん》
- アフリカゾウ ホオジロザメ 70年《ねん》
- ヒト 80年《ねん》
- シロナガスクジラ 85年《ねん》
- ゾウガメ 100年以上《ねんいじょう》

5 15 30 40 50 80 100

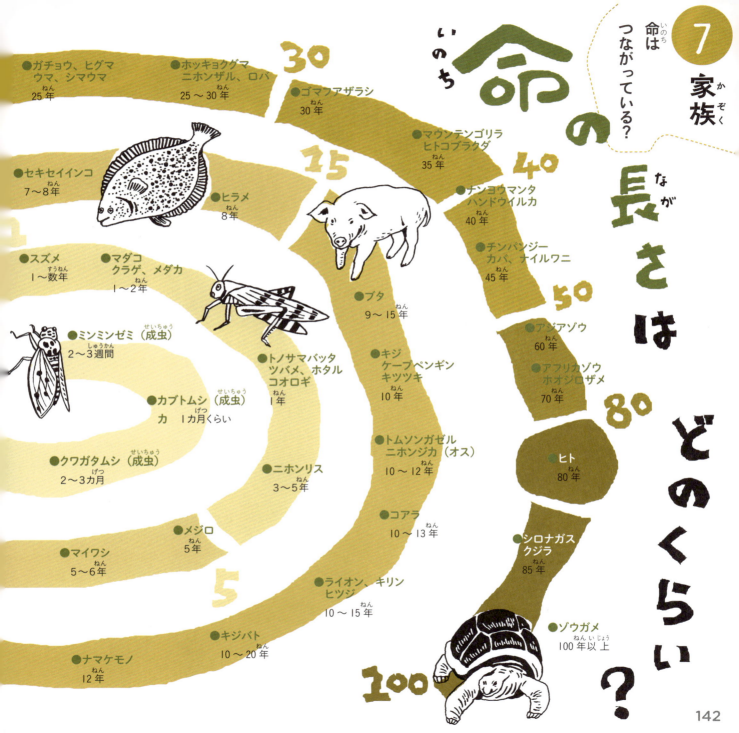

いきものの寿命《じゅみょう》とからだの大《おお》きさ

いきものの命《いのち》には、かならず終《お》わりがある。いつまでも生《い》きることはできないのだ。

いきものたちはどのくらい生《い》きられるのだろうか？　もちろん同《おな》じ種類《しゅるい》のいきものでも、長《なが》く生《い》きるものもいれば、すぐに死《し》んでしまうものもいる。

いきものの命《いのち》の長《なが》さ「寿命《じゅみょう》」を見《み》てみよう。あくまでも平均《へいきん》だが、こうして並《なら》べてみると、からだの大《おお》きないきものほど、寿《じゅ》命《みょう》が長《なが》いように見《み》える。

ある研究《けんきゅう》では、心《しん》ぞうが打《う》つ回数《かいすう》で寿命《じゅみょう》が決《き》まるとも言《い》われている。心《しん》ぞうがゆっくりと動《うご》くほど、長生《ながい》きするというのだ。そして、からだの大《おお》きないきものほど、心《しん》ぞうはゆっくりと脈打《みゃくう》つ。

ニホンウナギ
ツル
ニシキヘビ
20～30年《ねん》
クロマグロ
20年以上《ねんいじょう》
チーター
ブダイ
7年《ねん》
20
フクロウ
クジャク
20年《ねん》
10
イノシシ
6～10年《ねん》
ダンゴムシ
サケ
3～4年《ねん》
ハイエナ
19年《ねん》
キタキツネ
6～7年《ねん》
ワオキツネザル
16～19年《ねん》
カッコウ
6年《ねん》
モンシロチョウ
3カ月《げつ》
トラ
ニホンジカ（メス）
ジャイアントパンダ
コウテイペンギン
コハクチョウ
15～20年《ねん》
カルガモ
5～10年《ねん》
ラッコ
15年《ねん》
イヌ
ネコ
14年《ねん》

※寿命《じゅみょう》は、おおよその年数《ねんすう》

葬式《そうしき》をするのはヒトだけ?

亡《な》くなったものとのお別《わか》れ

人《ひと》が亡《な》くなると、「葬式《そうしき》」が行《おこな》われる。葬式《そうしき》にはいろんなかたちがあるが、親《した》しい人《ひと》たちが集《あつ》まって、亡《な》くなった人《ひと》と最後《さいご》のお別《わか》れをすることがほとんどだ。

自然《しぜん》のいきものたちは、葬式《そうしき》のようなものはしない。ひとりで孤独《こどく》に死《し》んでいくものもいれば、巣《す》のなかで死《し》んだ仲間《なかま》をじゃま者《もの》あつかいして、巣《す》の外《そと》にほうり投《な》げるものまでいる。

その一方《いっぽう》で、家族《かぞく》や仲間《なかま》の死《し》を悲《かな》しんでいるように見《み》えるものもいる。なかには、人間《にんげん》の葬式《そうしき》のようなことまでするいきものもいるのだ。

子《こ》が親《おや》を看取《みと》る

人《ひと》が亡《な》くなると、子《こ》や孫《まご》などの家《か》族《ぞく》や親《しん》せき、近所《きんじょ》の人《ひと》、生《い》きているときにお世話《せわ》になった人《ひと》など、たくさんの人《ひと》が亡《な》くなった人《ひと》を見送《みおく》る。これは、ほかのいきものにない人間《にんげん》らしい行動《こうどう》と言《い》えるだろう。

ヒト

ツル

ゾウ

ゾウにも葬式《そうしき》がある?

ゾウは、死《し》んだ仲間《なかま》に土《つち》や枝《えだ》をかぶせたりすることもある。なかには、一《いち》列《れつ》に並《なら》んで死《し》んだゾウを順番《じゅんばん》になでたり、花《はな》をそえたりなど、まるで葬式《そうしき》のようなことをする姿《すがた》も確認《かくにん》されている。

いつまでも愛《あい》しつづける

夫婦《ふうふ》の一方《いっぽう》が死《し》ぬと、のこされたツルは、悲《かな》しそうに鳴《な》く。いつまでも死体《したい》のそばにいて、敵《てき》から死体《したい》を守《まも》ろうとする。死体《したい》が骨《ほね》になり、雪《ゆき》におおわれても、そばをはなれないものもいる。

どんな葬式《そうしき》をしてほしい？

日本《にほん》では、亡《な》くなった人《ひと》を燃《も》やして、骨《ほね》だけをお墓《はか》などに入《い》れるのが一般的《いっぱんてき》だ。また、骨《ほね》を海《うみ》や山《やま》などにまいたり、樹木《じゅもく》の下《した》に埋《う》めたりすることもある。最近《さいきん》では、なんと宇宙空間《うちゅうくうかん》にまく人《ひと》もいるのだ。

もし自分《じぶん》が亡《な》くなったとき、どんなふうにしてほしいだろう？ 葬式《そうしき》には、だれに来《き》てほしいだろうか？ 自分《じぶん》の骨《ほね》はどうしてほしいだろうか？

まだまだ先《さき》のことかもしれないが、ちょっと考《かんが》えてみよう。

7

家族《かぞく》

命《いのち》はつながっている?

命《いのち》のつながり

大昔《おおむかし》からつづく命《いのち》のリレー

自分《じぶん》の死《し》について考《かんが》えるのは、つらいだろうか? できれば考《かんが》えたくない、考《かんが》えると不安《ふあん》な気持《きも》ちになるという人《ひと》もいるだろう。

でも、だれもがいつかは死《し》んでしまう。そして、死《し》んだあとどうなるのかは、だれも知《し》らない。

はっきりしているのは、人間《にんげん》の命《いのち》が遠《とお》い昔《むかし》から引《ひ》きつがれていて、みんなの命《いのち》もまた、未来《みらい》の命《いのち》につづいているということだ。

ひとりの寿命《じゅみょう》は80年《ねん》くらいだけど、人間全体《にんげんぜんたい》で見《み》ると、終《お》わりが見《み》えないくらい遠《とお》い未来《みらい》までつづく。

そう考《かんが》えると、「死《し》」の見《み》え方《かた》も少《すこ》しちがってこないだろうか。

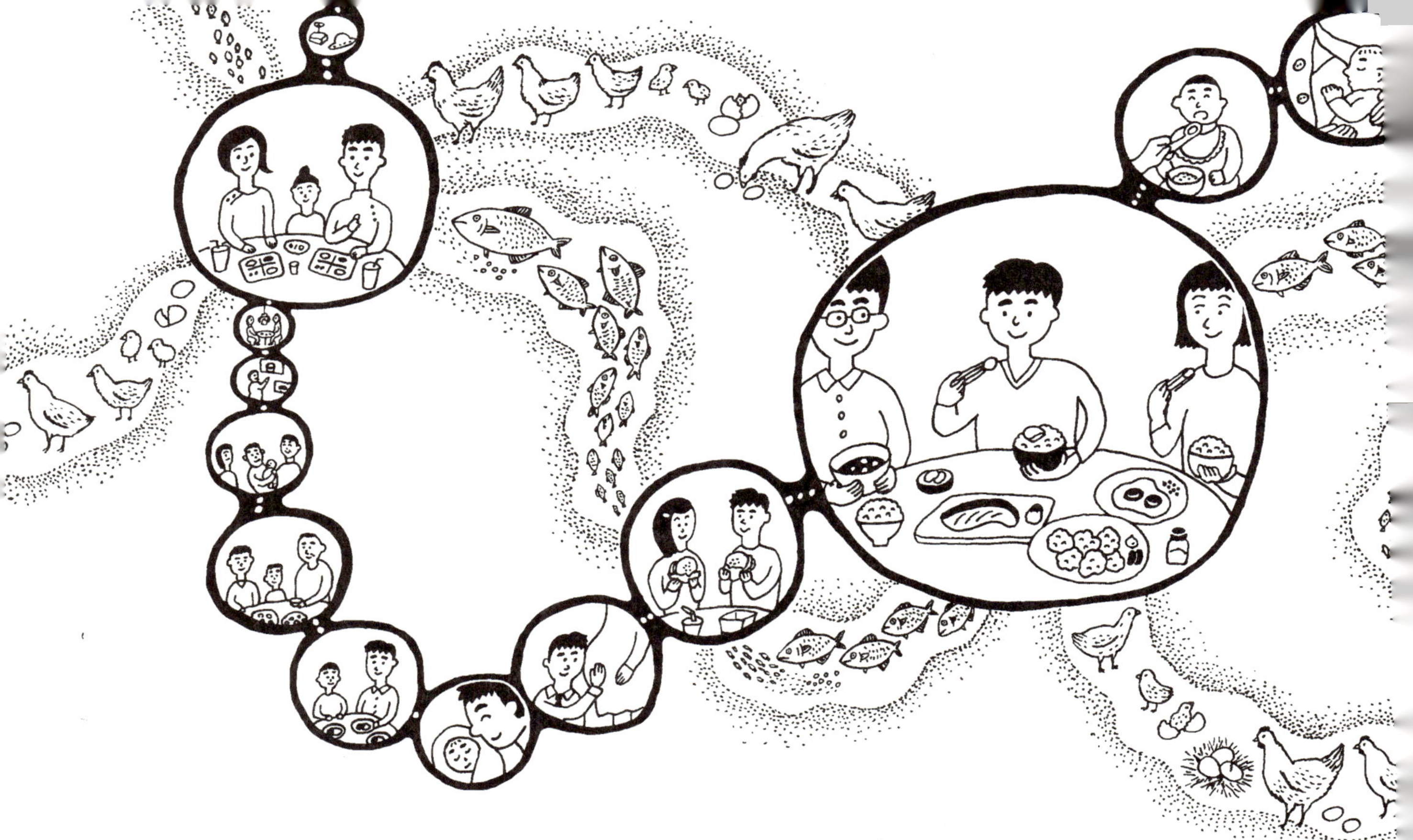

すべての命《いのち》は つながっている

身近《みぢか》ないきものに目《め》を向《む》けてみよう。池《いけ》のなかですいすいと泳《およ》ぐコイ、広《ひろ》い空《そら》を気持《きも》ちよさそうにとぶ鳥《とり》、土《つち》の上《うえ》をけんめいに歩《ある》くアリ……。

すべてのいきものは、人間《にんげん》と同《おな》じように、遠《とお》い昔《むかし》から命《いのち》をつなぎながら生《い》きている。

また、肉《にく》や魚《さかな》などを食《た》べて、命《いのち》をもらっている。「いただきます」は、ほかのいきものの大切《たいせつ》な命《いのち》をいただいていることへの感謝《かんしゃ》の言《こと》葉《ば》なのだ。すべてのいきものは植《しょく》物《ぶつ》を含《ふく》むあらゆる命《いのち》をもらいながら生《い》きている。

そんなたくさんの「命《いのち》のつながり」の一部《いちぶ》として、わたしたち人《にん》間《げん》も生《い》きているのだ。

OMAKE

いきものから広《ひろ》がる大人《おとな》の世界《せかい》

みんなのまわりには、たくさんのいきものがいる。人《ひと》はいきものとかかわりながら生《い》きているし、いきものに関係《かんけい》した仕事《しごと》もたくさんある。身近《みぢか》なくらしから将来《しょうらい》の仕《し》事《ごと》まで、いきものの世界《せかい》をチョットのぞいてみよう。

いきものとくらし

乗馬《じょうば》・釣《つ》り

乗馬《じょうば》はウマに乗《の》る遊《あそ》びで、馬術《ばじゅつ》というスポーツもある。釣《つ》りは川《かわ》や海《うみ》で、竿《さお》に糸《いと》と針《はり》をつけて魚《さかな》をとるレジャー。

ペット

家《いえ》でいっしょにくらすいきもの。イヌやネコ、インコなどの鳥《とり》、キンギョなどの魚《さかな》、カブトムシなど。

野鳥観測《やちょうかんそく》

森《もり》や川《かわ》など、自然《しぜん》にくらしている鳥《とり》たちの鳴《な》き声《ごえ》を聞《き》いたり、行動《こうどう》を観察《かんさつ》したりしてたのしむ。

動物園《どうぶつえん》・水族館《すいぞくかん》

遠《とお》い国《くに》に行《い》かなくても、動物園《どうぶつえん》や水族館《すいぞくかん》に行《い》けば、多《おお》くのいきものたちを見《み》られる。

盲導犬《もうどうけん》

目《め》が見《み》えない人《ひと》を助《たす》けるイヌ。ほかにもからだが不《ふ》自由《じゆう》な人《ひと》を助《たす》ける介助犬《かいじょけん》、耳《みみ》が聞《き》こえない人《ひと》を助《たす》ける聴導犬《ちょうどうけん》などがいる。

トリマー

ペットの毛《け》を切《き》って整《ととの》える仕事《しごと》。イヌやネコの美容《びよう》師《し》だ。カッコよく切《き》れたら、飼《か》い主《ぬし》だけでなく、ペットもうれしいかもしれない。

動物《どうぶつ》の研究者《けんきゅうしゃ》

大学《だいがく》や研究所《けんきゅうじょ》でいきものを研究《けんきゅう》する。動物《どうぶつ》のからだの仕組《しく》み、繁殖《はんしょく》の方法《ほうほう》、成長《せいちょう》の過程《かてい》などを調《しら》べる。いきものと人間《にんげん》は、どこが同《おな》じでどこがちがうのかを考《かんが》えることもある。

いきものと働《はたら》く

ドッグトレーナー

ペットのイヌのしつけをする。人《ひと》に噛《か》みついたり、あちこちにおしっこをしたりすると困《こま》るからだ。飼《か》い主《ぬし》にしつけのアドバイスをするのも大事《だいじ》な仕事《しごと》。

くすりの研究者《けんきゅうしゃ》

人間《にんげん》の病気《びょうき》にきくくすりを開発《かいはつ》する仕事《しごと》。人間《にんげん》に害《がい》がないか、効果《こうか》があるかをたしかめるために、マウスなどのいきものを使《つか》って実験《じっけん》をする。

動物看護師《どうぶつかんごし》

獣医師《じゅういし》の手伝《てつだ》いをする人《ひと》。検査《けんさ》や注射《ちゅうしゃ》を担当《たんとう》し、手術《しゅじゅつ》の助手《じょしゅ》もする。また、病気《びょうき》や高齢《こうれい》になったペットを世話《せわ》する動物介護士《どうぶつかいごし》という仕事《しごと》もある。

獣医師《じゅういし》

動物《どうぶつ》のお医者《いしゃ》さん。病気《びょうき》やけがをしたペットを治療《ちりょう》する。動物園《どうぶつえん》や水族館《すいぞくかん》のいきものを診察《しんさつ》することもある。家畜《かちく》も患者《かんじゃ》さんだ。

レンジャー

自然《しぜん》にくらしているいきものを保護《ほご》する仕事《しごと》。動物《どうぶつ》をねらうハンターがいないか監視《かんし》する。動物《どうぶつ》の数《かず》の調査《ちょうさ》も大事《だいじ》な仕事《しごと》だ。野生動物《やせいどうぶつ》を間近《まぢか》に感《かん》じることができる。

訓練士《くんれんし》

盲導犬《もうどうけん》、介助犬《かいじょけん》、聴導犬《ちょうどうけん》などのイヌの訓練《くんれん》を行《おこな》う仕事《しごと》。捜査《そうさ》の手伝《てつだ》いをする警察犬《けいさつけん》、地震《じしん》などのときに人《ひと》がいる場所《ばしょ》を探《さが》してくれる災害救助犬《さいがいきゅうじょけん》なども育《そだ》てる。

ネイチャーガイド

自然《しぜん》のなかをいっしょに歩《ある》いて、自然環境《しぜんかんきょう》を紹介《しょうかい》する仕事《しごと》。動物《どうぶつ》や植物《しょくぶつ》、地形《ちけい》や気候《きこう》など、幅広《はばひろ》い知識《ちしき》が必要《ひつよう》だ。

飼育員《しいくいん》

動物園《どうぶつえん》や水族館《すいぞくかん》のいきものたちを世話《せわ》する人《ひと》。担当《たんとう》するいきものに食《た》べものを与《あた》え、健康《けんこう》を管理《かんり》する。子《こ》どもを産《う》む手伝《てつだ》いをすることもある。

鷹匠《たかじょう》

狩《か》りをするために、タカを飼《し》育《いく》して訓練《くんれん》する。昔《むかし》はとったえものを売《う》って生活《せいかつ》していたが、現在《げんざい》はイベントで鷹狩《たかがり》の技《わざ》をひろうしている。

動物《どうぶつ》カメラマン

動物《どうぶつ》の写真《しゃしん》を専門《せんもん》にとるカメラマン。とくに野生《やせい》に生《い》きている動物《どうぶつ》をとるため、世界中《せかいじゅう》の大自然《だいしぜん》に出《で》かけることが多《おお》い。撮影《さつえい》した写真《しゃしん》は広告《こうこく》や本《ほん》などに使《つか》われる。

闘牛士《とうぎゅうし》

力《ちから》の強《つよ》いオスのウシと1対《たい》1でたたかう。勇気《ゆうき》がないとできない仕事《しごと》だ。

いきものを育《そだ》てる・とる

漁師《りょうし》

川《かわ》や海《うみ》、湖《みずうみ》で魚《さかな》や貝《かい》などをとって生活《せいかつ》している。朝早《あさはや》くから漁《りょう》に出《で》たり、数《すう》カ月《げつ》も船《ふね》の上《うえ》でくらすこともある。

酪農家《らくのうか》

牛乳《ぎゅうにゅう》はウシの乳《ちち》だ。酪農家《らくのうか》の人《ひと》たちの大切《たいせつ》な仕事《しごと》は、ウシにエサを与《あた》えること。おいしいものを食《た》べているウシからは、おいしい牛乳《ぎゅうにゅう》ができる。

養鶏農家《ようけいのうか》

ニワトリを飼《か》って卵《たまご》や鶏肉《とりにく》を生産《せいさん》する。効率《こうりつ》よく育《そだ》てるために、せまいゲージのなかで一羽《いちわ》ずつ飼《か》う。自由《じゆう》に運動《うんどう》できるように放《はな》し飼《が》いにするところもある。

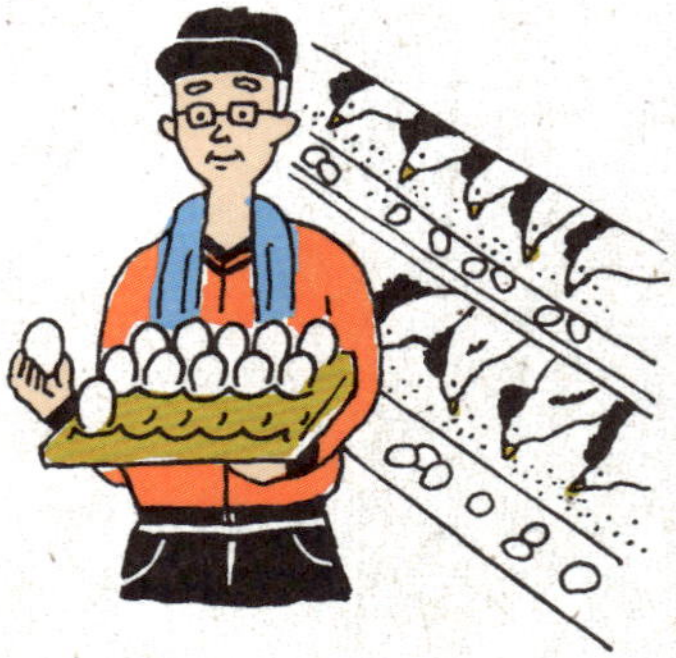

海士《あま》・海女《あま》

海《うみ》に潜《もぐ》って、アワビやサザエなどの貝《かい》、ワカメなどの海藻《かいそう》をとる仕事《しごと》。呼《よ》び方《かた》は同《おな》じだが、漢字《かんじ》では男性《だんせい》を「海士《あま》」、女性《じょせい》を「海女《あま》」と書《か》く。

猟師《りょうし》

ワナをしかけたりなどして、野生《やせい》のシカやイノシシなどをつかまえる。昔《むかし》は食料《しょくりょう》を得《え》るための重要《じゅうよう》な仕事《しごと》だったが、いまは人間《にんげん》に害《がい》を与《あた》える動物《どうぶつ》の駆除《くじょ》が多《おお》い。

畜産農家《ちくさんのうか》

肉《にく》を得《え》るために家畜《かちく》を飼《し》育《いく》するのが畜産農家《ちくさんのうか》。ハチを飼《か》ってハチミツを生産《せいさん》するのが養蜂農家《ようほうのうか》、生糸《きいと》をつくるためのカイコを飼《か》うのが養蚕農家《ようさんのうか》だ。

おわりに

阿部健一《あべけんいち》

子《こ》どもたちに向《む》けた実用書《じつようしょ》をつくるという。最初《さいしょ》に聞《き》いたとき、とんでもない企画《きかく》だと思《おも》った。

子《こ》どもの僕《ぼく》は、両親《りょうしん》が「実用書《じつようしょ》」を買《か》ってくれたら、うれしいと思《おも》うだろうか。絶対《ぜったい》に嫌《いや》だ。本《ほん》は好《す》きだが、実用書《じつようしょ》というのはあまりうれしくない。「将来《しょうらい》役《やく》に立《た》つから」と言《い》われたもので、あとで役立《やくだ》ったものはない（ような気《き》がする）。

しかも、いきものから学《まな》ぶ実用書《じつようしょ》だという。ますますダメだ。いきものをなにかの役《やく》に立《た》てようと思《おも》ってはいけない。いきものや自然《しぜん》は、人間《にんげん》の役《やく》に立《た》つために存在《そんざい》しているのではない。

そのいきものを、子《こ》どもたちは好《す》きだ。男《おとこ》の子《こ》の99パーセントは（ちゃんと調《しら》べたわけではないけど）、昆虫《こんちゅう》が好《す》きだ。女《おんな》の子《こ》のほとんどは虫《むし》が嫌《きら》いだ（たぶん間違《まちが》いない）。そんな女の子でも、イヌやネコといった動物《どうぶつ》はかわいいと思《おも》う。好《す》きないきものと接《せっ》しながら、子《こ》どもたちは、いろんなことを学《まな》べる。いきものから学《まな》ぶのに本《ほん》はいらない……。

しかし、である。

こんな本《ほん》があれば、と思《おも》うことがある。僕《ぼく》の生物学《せいぶつがく》の先生《せんせい》だった日高敏隆《ひだかとしたか》さんがよく言《い》っていた「いきものだって人間《にんげん》だ」と思《おも》える本《ほん》だ。

「人間《にんげん》だっていきものだ」という言《い》い方《かた》はよく耳《みみ》にする。間違《まちが》いなく正《ただ》しい。でも「いきものだって人間《にんげん》じゃないか」というのはどうだろう。そのときの人間《にんげん》って、なんだろう。人《ひと》といきものは、どこがいっしょで、どこがちがうのだろう?

そんなことを思《おも》いながら、これまでなかったいきものの本《ほん》にしようと、編集《へんしゅう》の森《もり》さんといっしょに構成《こうせい》を考《かんが》えた。その結果《けっか》、人間《にんげん》について考《かんが》える本《ほん》になった。考《かんが》えれば考《かんが》えるほど、人間《にんげん》って、圧倒《あっとう》的《てき》に変《へん》ないきものだ。

たとえば、人《ひと》にとってもいきものにとっても、食《た》べることほど大切《たいせつ》なことはない。でもいきものは、食《た》べることをたのしんでいるのかな、と思《おも》う。生《い》きるか死《し》ぬか、というぎりぎりのところで生活《せいかつ》していて、余裕《よゆう》はなさそうだ。おいしく食《た》べようと食材《しょくざい》を調理《ちょうり》するのは、人《ひと》だけだろう。一人《ひとり》で食《た》べるよりも、みんなでいっしょに食《た》べるほうがたのしいと思《おも》うのも、人《にん》間《げん》だけだろう。

変《へん》ないきものは、かしこいいきものだ。

骨折《こっせつ》をしたいきもののことを思《おも》ってみよう。病気《びょうき》になった場合《ばあい》でもいい。自然《しぜん》のなかでは、生《い》き抜《ぬ》くことはむずかしい。だけど、人《ひと》には病院《びょういん》があり、お医者《いしゃ》さんに診《み》てもらってくすりがもらえる。人《ひと》がほかのいきものと異《こと》なるのは、知恵《ちえ》と技《ぎ》術《じゅつ》があるからだ。いや、もっと正確《せいかく》に言《い》うべきか。いきものも体調《たいちょう》がわるくなれば、「くすり」にあたるものを食《た》べる。かれらにも知恵《ちえ》と技術《ぎじゅつ》がある。

人《ひと》がいきものと大《おお》きくちがうのは、知《ち》恵《え》と技術《ぎじゅつ》を積《つ》み上《あ》げていくことができることだろう。お父《とう》さんやお母《かあ》さんから、その前《まえ》のおじいちゃんやおばあちゃんから、さらにその前《まえ》のご先祖様《せんぞさま》から、人《ひと》は知識《ちしき》を受《う》けつぎ、工夫《くふう》を重《かさ》ね、よりよく生《い》きられるように「進歩《しんぽ》」してきた。

100年前《ねんまえ》のいきものは、いまとまったく同《おな》じ生《い》き方《かた》をしている。しかし人《ひと》はちがう。100年前《ねんまえ》の生活《せいかつ》といまの生活《せいかつ》はまったくちがう。１００年後《ねんご》は、さらにちがっているだろう。人間《にんげん》は、みずからの生活《せいかつ》を変《か》えていく力《ちから》がある。

その力《ちから》は、でも、間違《まちが》った方向《ほうこう》に使《つか》われることもある。かしこいはずの人間《にんげん》は、戦争《せんそう》を起《お》こしたり、環境《かんきょう》を破壊《はかい》したりする。なぜ人《ひと》は殺《ころ》し合《あ》うのか。自然《しぜん》をとんでもなく変《か》えてしまうのか。いきものは絶対《ぜったい》にそんなことはしない。生存《せいぞん》のためのたたかいはするけど、無益《むえき》な殺《ころ》し合《あ》いはしない。必要以上《ひつよういじょう》に食《た》べものをとったりすることも、自分《じぶん》たちにとって大切《たいせつ》な自然《しぜん》を汚《よご》すこともしない。

いきものから学《まな》べることは、たくさんある。でも、それは単純《たんじゅん》に「役《やく》に立《た》つ」ためではない。学《まな》ぶのは、自分《じぶん》たちのこと、人間《にんげん》のこと、そして社会《しゃかい》のことを「考《かんが》える」ことだ。

変《か》えてはいけない、大切《たいせつ》なものがあることもわかってほしい。本書《ほんしょ》で、いきものにはない葬式《そうしき》をとりあげたのもそのためだ。

自分《じぶん》がいずれ死《し》ぬべき存在《そんざい》だと知《し》っているのは、人《ひと》だけ。子《こ》どもたちには、まだ実感《じっかん》できないだろう。でも大《おお》きくなるにつれ、死《し》というものが身近《みぢか》になってくる。なぜ人《ひと》は、いきものにはない葬式《そうしき》をするのか、考《かんが》えてほしい。

結局《けっきょく》、こういう本《ほん》をなんと言《い》えばいいのだろう。やはり、子《こ》どものための「実《じつ》用書《ようしょ》」ということになるのかもしれない。いきものから学《まな》ぶ本《ほん》。人《ひと》のことを考《かんが》える本《ほん》。そんな本《ほん》になればいいと思《おも》う。

子《こ》どもたちに考《かんが》えてもらうために、解《かい》説《せつ》しすぎないようにしたつもりだ。正直《しょうじき》、その加減《かげん》がむずかしかった。うまくできなかったところもあるが、そこはお父《とう》さんとお母《かあ》さんにおぎなってほしい。この本《ほん》に関《かか》わった者《もの》からのお願《ねが》いです。

は虫類《ちゅうるい》

卵《たまご》から産《う》まれ、肺《はい》で呼吸《こきゅう》する

両生類《りょうせいるい》

子《こ》どもはエラ呼吸《こきゅう》、
大人《おとな》は肺《はい》呼吸《こきゅう》

魚類《ぎょるい》

水《みず》のなかでエラ呼吸《こきゅう》をして
生《い》きている

昆虫類《こんちゅうるい》

3つの部位《ぶい》のからだと6本《ぽん》の足《あし》

甲殻類《こうかくるい》

2つの部位《ぶい》のからだが
殻《から》におおわれている

クモ類《るい》

2つの部位《ぶい》のからだと8本《ほん》の足《あし》

軟体動物《なんたいどうぶつ》

やわらかいからだを持《も》つ

そのほか

この本《ほん》に出《で》てくるいきものたち

ほ乳類《にゅうるい》

赤《あか》ちゃんを生《う》んで乳《ちち》で育《そだ》てる

鳥類《ちょうるい》

卵《たまご》から産《う》まれ、
空《そら》をとべるものが多《おお》い

この本《ほん》をつくるときに参考《さんこう》にした本《ほん》

どうぶつえんガイド

あべ弘士《ひろし》・作《さく》・絵《え》

（福音館書店《ふくいんかんしょてん》）

自然《しぜん》と友《とも》だちになるには?

モリー・ライツ・著《ちょ》

福井伸子《ふくいのぶこ》・訳《やく》

（晶文社《しょうぶんしゃ》）

う・ん・ち

なかのひろみ・文《ぶん》

ふくだとよふみ・写真《しゃしん》

（福音館書店《ふくいんかんしょてん》）

生《い》きものたちのつくる巣《す》109

鈴木《すずき》まもる・文《ぶん》・絵《え》

（エクスナレッジ）

生物多様性 子どもたちにどう伝えるか

阿部健一・編（昭和堂）

生物多様性はなぜ大切か?

日髙敏隆・編（昭和堂）

動物たちの自然健康法

シンディ・エンジェル・著、羽田節子・訳（紀伊國屋書店）

身近な生きものの子育て奮闘記

稲垣栄洋・著（ちくま文庫）

ゾウの時間 ネズミの時間

本川達雄・著（中公新書）

睡眠の不思議

井上昌次郎・著（講談社現代新書）

小学館の図鑑 NEO 動物［新版］（小学館）

小学館の図鑑 NEO 鳥［新版］（小学館）

小学館の図鑑 NEO 両生類・はちゅう類［新版］（小学館）

小学館の図鑑 NEO 魚［新版］（小学館）

小学館の図鑑 NEO 昆虫［新版］（小学館）

寿命図鑑

やまぐちかおり・絵　いろは出版・編著（いろは出版）

こどものための実用《じつよう》シリーズ

みんな いきもの

監修　阿部健一
編著　朝日新聞出版
発行者　今田俊
発行所　朝日新聞出版
〒104-8011 東京都中央区築地5-3-2
電話 (03)5541-8996 (編集)
(03)5540-7793 (販売)
印刷所　大日本印刷株式会社

ISBN　978-4-02-333217-1

〈監修〉

阿部健一　あべ・けんいち

京都大学大学院農学研究科修士課程修了。総合地球環境学研究所研究推進戦略センター教授。専門は環境人間学・相関地域研究。編著に『生物多様性 子どもたちにどう伝えるか』（昭和堂）、監修に『五感／五環　文化が生まれるとき』（昭和堂）、翻訳に『こんちゅうって なんだ？』（福音館書店）などがある。

〈スタッフ〉

挿絵　ミロコマチコ（装画、本扉、p.8-15、章扉）
しろぺこり（アクリル・クレヨン画）
早川宏美（ペン画）
矢萩多聞（p.158）
装丁・レイアウト　矢萩多聞
DTP　いわながさとこ
企画・編集制作　森秀治（毬藻舎）、清塚あきこ
編集　端香里（朝日新聞出版　生活・文化編集部）

こどものための実《じっ》用《よう》シリーズ

子《こ》どもがわくわくした気持《きも》ちで毎日《まいにち》を生《い》きる。そのために、子《こ》どもたちにとって、ほんとうに必要《ひつよう》なのはどんな知識《ちしき》だろう？

子《こ》ども時代《じだい》は、大人《おとな》になる修行《しゅぎょう》やガマンのための期間《きかん》ではない。子《こ》どもにも大人《おとな》と同《おな》じように、「いま」をいきいきと豊《ゆた》かに生《い》きてほしい。

子《こ》どものうちに、こんなことを知《し》っておきたかった、考《かんが》えておきたかった、ためしてみたかった——。学校《がっこう》のルールや枠組《わくぐ》みから少《すこ》しはなれた視点《してん》から、「子《こ》どものくらし」にまつわる実《じつ》用情報《ようじょうほう》を集《あつ》めたのが本《ほん》シリーズ。

子《こ》どもも大人《おとな》も、みんなでたのしく読《よ》んでください。